LA FE QUE AGRADA A DIOS

Escucha Su Voz

Cumple Tu Misión

Alcanza Tu Destino

ELMER J. CASTRO

Diseño del libro por eBook Prep
www.ebookprep.com

Noviembre 2022
ISBN: 978-1-64457-597-0

Rise UP Publications
644 Shrewsbury Commons Ave
STE 249
Shrewsbury, PA 17361
www.riseUPpublications.com
Número de teléfono: 866-846-5123

Dedico este libro a mi querida madre quien, con una oración de fe, desató un milagro que todavía repercute en mi vida. Y a mi amada esposa, cuya oración de fe cimentó ese milagro dentro en mí.

ÍNDICE

RECONOCIMIENTOS

Por este medio quisiera reconocer en especial a varias personas que, además de mi mamá, sembraron la Palabra de Dios en diferentes períodos de mi vida.

- Mis tías amadas, "Nellín" y "Gris" – por demostrar lo que es amar y estudiar la Biblia, la Palabra de Dios.

- Mi maestra de salón hogar en tercer grado- la señora Santana. Gracias por hacernos recitar el Salmo 1 cada día. *"Bienaventurado el varón que no anduvo en consejo de malos... sino que en la Ley de Jehová está su delicia y en Su ley medita de día y de noche."*

- Mi maestra de Biblia en quinto grado, la señora Danielsen. Todavía recuerdo el corito que nos hacía cantar a diario... *"Tenme brillando Señor, tenme brillando por Ti, puro y limpio seré si Tu brillas en mí... Llévame a la roca más alta que yo, yo te seguiré y allí tu testigo seré."*

- Mi maestra de Química en octavo grado, Lynnette Ramos, por demostrar el amor de Dios a todos sus estudiantes.

- La maestra de Arte en escuela intermedia, la ahora pastora Rosita Martínez, por enseñarme que Dios sana y liberta.

- Mi maestra de español en duodécimo grado, Crucita Ortiz por ser un ejemplo de andar en el Espíritu en el día a día.

- El pastor Roger Ponce, por enseñarme que Dios es bueno y hace milagros.

- La pastora Maggie Álvarez, por enseñarme lo que es confesar y declarar La Palabra de Dios en fe.

- Mi mentor en mis años de Universidad y en el ministerio estudiantil- el ahora pastor Carlos Ramírez, por enseñarme lo que es ser un líder.

- El pastor Greg Railey por enseñarme que Dios todavía habla a Su pueblo. Y por enseñarme la importancia y el rol de la alabanza y adoración al Señor.

- El pastor Richard Lang por enseñarme que Dios tiene la última palabra y por brindarme la oportunidad y el honor de liderar el grupo de alabanza de la iglesia.

- A mi mejor amigo desde la infancia, Eddil Rosario, por sus oraciones y apoyo incondicional a través de los años; y por ser un gran ejemplo de lo que es caminar en la fe que agrada a Dios.

Un agradecimiento especial a los que tomaron de su tiempo para leer el manuscrito original de este libro y compartir sus impresiones conmigo:

- Karla Marun, MSLOD, ACC - Mi colega en el campo del coaching profesional y hermana en Cristo.

- Roger Ponce - Pastor de la Iglesia Cristiana Dios Siempre Presente en Bayamón, Puerto Rico.

¡A todos, siempre estaré sumamente agradecido!

I

Introducción
Fundamentos de la fe

CAPÍTULO 1

Nuestro Dios es un Dios de milagros

En una noche de verano en el sur de Puerto Rico, una joven esposa se encontraba en el hospital con dolores de parto. Un cuadro que usualmente trae alegría y emoción, para ella era una fuente de preocupación y dolor. ¿La razón? El bebé nacía prematuramente, con solo seis meses y medio. Ella, que había perdido un bebé anteriormente, escuchaba a los médicos decir que no garantizaban que el bebé sobreviviera. Todo indicaba que se repetiría el dolor y el desencanto de la pérdida de su primer embarazo. Sin embargo, ella alzó una oración a su Dios: "Señor Jesús, si Tú permites que mi hijo viva, te lo dedicaré a Ti...". El bebé nació pesando dos libras y media; cabía en una caja de zapatos, los pañales le llegaban al cuello, y tuvo que estar en una incubadora por más de un mes. Pero el Señor contestó una oración de fe: el bebé sobrevivió... Esa oración de fe la hizo mi mamá.

He escuchado a mi mamá compartir ese testimonio muchas veces. Cada una de ellas me recordaba que nuestro Dios es un Dios de milagros. En ese caso, yo fui el beneficiario de un milagro activado por la fe de mamá; mas no pasaría mucho tiempo antes de que yo tuviese que activar mi propia fe...

Nuestro Dios es un Dios de milagros. Lo vemos a través de las escrituras—Él es el mismo ayer, hoy y siempre (Hebreos 13:8)[1], omnisciente, omnipresente y omnipotente. En mi caso, mi madre siempre me enseñaba que Dios es un Dios de milagros. Y como crecí yendo a la iglesia, mis primeras memorias de los mensajes de pastores y predicadores son de ellos testificando acerca de un Dios de milagros: un soldado en la guerra, creyente, protegido por Dios al ser rodeado por soldados enemigos que nunca le vieron. Un pastor compartiendo cómo vio en visión un demonio presto a atacarle y cómo el Señor le defendió. O un misionero que ministraba en otro país cuando se desató una lluvia torrencial que lo tomó por sorpresa en su vehículo; una corriente se llevaba a los que iban dentro con él y sentían las ruedas del auto flotando, sin embargo, milagrosamente no perecieron. Y ni se diga de las campañas evangelísticas de siervos de Dios como Yiye Ávila, donde los enfermos eran sanados y los cautivos libertados.

Recuerdo que a los 10 u 11 años, en un servicio habían invitado a un ministerio compuesto por niños y jóvenes; las alabanzas y predicación fueron dirigidas por ellos. Durante la predicación, repentinamente, se escuchó un grito desgarrador en una de las filas cercanas a mi costado izquierdo. "¡Nooooooo!", era una endemoniada, sus alaridos retumbaban por toda la iglesia. Unos segundos antes de cerrar mis ojos para estar en comunión observé la calma con la que el predicador—un muchacho como de 13 o 15 años— se quitaba la corbata mientras bajaba del altar a ministrar liberación. Claramente, no era la primera vez que esto les ocurría mientras ellos ministraban y llevaban la Palabra. ¡Milagros y prodigios! Estos son solo algunos ejemplos de muchas predicaciones similares que presencié de niño con un mensaje central: ¡Nuestro Dios es un Dios de milagros que sana, salva, liberta y transforma!

---

1. *Reina Valera 1960.*

Tristemente, con el pasar de los años mis memorias reflejan una disminución en la difusión del mensaje, así como en la demostración del poder de Dios en muchas de las congregaciones en las que he estado presente; no en todas, pero sí en la mayoría. Es como si a mi generación le hubiese tocado vivir durante el tiempo histórico cuando todo comenzó a cambiar. Nos tocó vivir el tiempo en el que, por diferentes razones, hoy, predicar un Dios de milagros es la excepción cuando debería ser la regla. ¿Por qué? Porque la realidad es que lo que es sobrenatural para nosotros es natural para nuestro Dios. Jesús dijo: "*Lo que es imposible para los hombres, es posible para Dios*" (Lucas 18:27). Todo el contenido de este libro está basado en la convicción de que Dios desea manifestarse poderoso a favor de Su pueblo. La clave para experimentar esa realidad a plenitud no es cualquier tipo de fe, sino *La fe que agrada a Dios*.

CAPÍTULO 2

Elementos fundamentales de la fe que agrada a Dios

Es, pues, la fe la certeza de lo que se espera, la convicción de lo que no se ve.

Hebreos 11:1

Pero sin fe es imposible agradar a Dios; porque es necesario que el que se acerca a Dios crea que le hay, y que es galardonador de los que le buscan.

Hebreos 11:6

Hay tres elementos básicos de la fe que agrada a Dios: *relación*, *acción*, y *transformación*. Cuando estos 3 elementos están presentes en la vida del creyente, la fe de este es completa y afín con el propósito de Dios. Por otro lado, cuando uno o más de estos elementos está ausente, la fe del individuo cojea y es deficiente, no conforme con el propósito perfecto de Dios.

Un beneficio de estar conscientes de estos tres elementos es la oportunidad de que el Señor nos enseñe lo que debemos mejorar en nuestra fe. ¿En cuáles elementos me enfoco naturalmente? ¿Cuáles tiendo a ignorar? Como creyentes, tenemos la bendición de que el Espíritu Santo nos guía hacia toda verdad y nos enseña las cosas del Señor (Juan 16:13-15). Veamos cada uno de estos tres elementos a través del lente de la Palabra, vayamos al principio.

Relación

Desde el principio, Dios ha deseado tener una relación cercana con el hombre. En Génesis 2, Jehová, Dios Padre, *forma* al hombre y *planta* "un huerto en Edén, al oriente; y puso allí al hombre que había formado". Después de haber creado todas las cosas a través de Su Palabra —los animales, la vegetación, las estrellas, los planetas—, decide *formar* y *plantar*. El original de la palabra *formar* es *yatsar*, que significa "moldear", como un alfarero (Strong's H3335). En el momento de crear al hombre, Dios decide usar Sus manos para formar/moldear al hombre a Su imagen y semejanza (Gen 1: 26-27), y plantar un huerto para él. Más aún, al formar al hombre, Dios Padre *sopló* —*naphach*= "soplar fuerte" (Strong's H5301)— en su nariz aliento de vida (Gen 2:7). En el punto culminante de la creación, Dios dio vida al hombre como a ningún otro ser viviente. En ese momento íntimo con Dios, el hombre recibió vida, la habilidad de pensar, trabajar y liderar (Gen 1:28); y lo más importante: la habilidad de poder tener una relación con Dios, escuchando claramente Su voz y gozando de Su compañía.

Estudiando el principio tenemos una ventana hacia el corazón de Dios para la humanidad, una imagen del propósito original de Dios para el hombre y la mujer. Génesis 2 presenta un Dios que da vida al hombre; también le da responsabilidades como labrar y guardar el huerto. ¡Incluso la oportunidad de ejercer su creatividad, dándole nombre a todos los animales! Sin embargo, Dios hace nacer dos árboles en el huerto: "... el árbol de la vida en medio del huerto, y el árbol de la ciencia del bien y el mal" (Gen 2:9). Y le dice al hombre que podrá comer de todo árbol del huerto "mas del árbol de la ciencia del bien y el mal no comerás; porque el día que de él comieres, ciertamente morirás" (Gen 2:17). ¿Alguna vez te has preguntado cuál sería el propósito de esto? Veamos lo que dice la Palabra y cómo nos puede ayudar en nuestra relación con nuestro Dios.

Edén: ¿Sabías que la palabra "edén" significa *deleite* (Strong's H5730)? ¡Así que el Huerto del Edén es el Huerto del Deleite! Dios, quien es amor, siempre ha querido relacionarse en amor con el ser humano.

1. Crea al hombre y la mujer a Su imagen y semejanza.

2. Establece un lugar especial en el mundo llamado Edén/ Deleite, donde el hombre y Dios compartían y se comunicaban en completa libertad.

3. En el centro de ese deleite se encontraba el árbol de la vida, del cual podían comer. En dirección opuesta a la vida, se encontraba el árbol prohibido de la ciencia del bien y el mal.

4. Diariamente, Adán y Eva elegían entre obedecer a Dios y vivir, o desobedecerle y morir.

Ese último punto es muy importante, pues Adán y Eva no tenían nada en que basar su obediencia sino en la Palabra de Dios. Antes de la caída no existía el dolor, la enfermedad o la muerte. Similar al concepto de un diluvio antes de Noé era el concepto de la "muerte" para Adán, antes de la caída. Entonces, Adán y Eva tenían que estar convencidos de que la Palabra de Dios era cierta.

Que, aunque nunca habían visto ni comprendían la magnitud del concepto de "morir", igual escogían la vida —escogían *creer sin ver.* ¿Puedes verlo? Desde el principio, de acuerdo con el diseño de Dios, para deleitarse en Él, ¡el hombre necesitaba fe! Porque *"sin fe es imposible agradar a Dios"* (Hebreos 11:6).

A través de la historia, Dios ha continuado Su plan de establecer una relación con el hombre. En Deuteronomio 30:19-20 explica cómo se puso delante del pueblo "... *la vida y la muerte, la bendición y la maldición; escoge, pues, la vida, para que vivas tú y tu descendencia; amando a Jehová tu Dios, atendiendo Su voz, y siguiéndole a Él; porque Él es vida para ti...".* En ese entonces Dios no plantó un árbol, sino que dio Su ley al pueblo a través de Moisés. De manera similar, le comunicó al pueblo que si decidían alejarse de Él desobedeciendo Sus palabras (la Ley), perecerían.

Siglos después, nuestro Dios no plantó un árbol ni dio leyes adicionales, sino que envió a Su hijo unigénito, Jesucristo "... *para que todo aquel que en Él cree, no se pierda, mas tenga vida eterna"* (Juan 3:16). Ahora bien, el centro del "Edén", del deleite de una relación con Dios que da verdadera vida, no es un árbol; tampoco lo es la ley en sí misma. Al Padre le ha placido poner a Cristo en el centro de Su "Edén", Su deleite, Su relación con cada hombre y mujer que crean en Él. Es Jesús quien mediante el Espíritu Santo escribe la Ley de Dios en nuestros corazones y activa nuestra fe.

La fe que agrada a Dios es una fe que primeramente valora, busca y fomenta una relación con Dios a través de Jesucristo. Escoger a Jesús, acercarse a Él, es alejarse del mal. Es creer La Palabra de Dios que dice *"Todo aquel que niega al Hijo, tampoco tiene al Padre..."* (1 Juan 2:23). Al igual que Adán y Eva, tenemos que tomar una decisión a diario: escoger la vida en Cristo Jesús o la muerte en el mal. En Cristo se encuentra la única oportunidad de tener una relación, un deleite, un Edén con Dios. La fe que agrada a Dios está basada en esa relación y sin ella nada de lo que podamos lograr en la vida tendría valor.

Acción

El segundo de los tres elementos fundamentales de la fe es la *acción*. En Santiago 2:20 y 26 se nos enseña que la fe sin obras es y está muerta. ¡La fe es certeza y convicción acompañadas por acción! Sin embargo, podemos ver ejemplos en la historia —y aun en nuestros tiempos— de personas no creyentes con mucha convicción y certeza; en términos humanos, actúan de acuerdo con estas y tienen resultados. Políticos, gobernantes, científicos, militares y empresarios, ¡cuántas proezas han realizado a través de la historia! Su acción le dio vida a su certeza y convicción antes de ver el resultado. Mas es importante aclarar que, en cuanto a la fe que agrada a Dios se trata, no es cualquier tipo de acción la que la vivifica. ¿De qué vale ganar el mundo y perder el alma? (Mar. 8:36). Vayamos a la Palabra:

La Torre de Babel: Un ejemplo de convicción, certeza y acción lo encontramos en Génesis 11. En ese entonces la humanidad tenía un solo idioma. Ellos desarrollaron una visión de algo que no existía, una torre. Y no cualquier torre, sino una "cuya cúspide llegue al cielo; y hagámonos un nombre...". Incluso diseñaron un nuevo método de construcción que no existía para poder poner manos a la obra: el ladrillo. Sin embargo, esto no agradó a Dios, pues lo que había detrás de esta "fe" era orgullo. Notemos en Isaías 14:13, hablando del diablo antes de su caída: "Tú que decías en tu corazón: Subiré al cielo; en lo alto, junto a las estrellas de Dios, levantaré mi trono, y en el monte del testimonio me sentaré...". La humanidad estaba yendo precipitadamente a la perdición. Siendo originalmente creados a la imagen y semejanza de Dios, habían rechazado la vida. Cada día se parecían menos a Él y, lejos del diseño original, pensaban, planificaban y actuaban a imagen y semejanza de Satanás. Dios, en Su sabiduría y misericordia, confundió los idiomas y los esparció antes de que pudieran terminar la torre, dando tiempo a la humanidad mientras Él llevaba a cabo Su plan de redención. ¿Qué aprendemos de esta historia? Podemos aprender que si deseo que mi fe agrade a Dios, mis intenciones y acciones no pueden estar basadas ni en mi opinión ni en mi orgullo. Mas si no en mi opinión ni en mi orgullo, entonces ¿en qué? Veámoslo en la Palabra:

Jesús, en múltiples ocasiones, mandó a sus discípulos a que se amaran unos a otros (Juan 13:34, 15:12, 15:17). También en el libro de Marcos:

> … y amarás al Señor tu Dios con todo tu corazón, y con toda tu alma, y con toda tu mente y con todas tus fuerzas. Este es el principal mandamiento. Y el segundo es semejante: Amarás a tu prójimo como a ti mismo. No hay otro mandamiento mayor que estos.[2]

Asimismo, 1 Juan 4:21 dice: *"Y nosotros tenemos este mandamiento de Él: El que ama a Dios, ame también a su hermano"*. Así también, 1 Juan 5:2 señala: *"En esto conocemos que amamos a los hijos de Dios, cuando amamos a Dios, y guardamos sus mandamientos"*.

La Palabra es clara, la voluntad de Dios es que el amor sea central en nuestra relación con Él y con los demás. Si caminamos en la voluntad de Dios, el amor permea nuestras acciones. Si mi relación con Dios es de amor hacia Él, mis acciones de obediencia son cubiertas de amor. Si deseo que mi fe agrade a Dios, tengo que cuidar mi corazón para que el amor de Dios fluya en y a través de mí. Tengo que ser diligente en mantener mi afecto dirigido primeramente a Dios y luego a mi prójimo. Si no, comenzaría a amar cosas, deleites y vanidad, y eso distorsionaría mi fe. Pablo capturó esta verdad en 1 Corintios: 13.

Verso 1- *"Si yo hablase lenguas humanas y angélicas, y no tengo amor, vengo a ser como metal que resuena, o címbalo que retiñe"*.

Si activamos nuestra fe en nuestro desarrollo espiritual, sin amor:

1. Escuchando/aprendiendo lo que Dios dice en Su Palabra sobre el don de lenguas.

2. Poniendo nuestra fe en acción al poner en práctica ese don.

---

2. Marcos 12:30-31.

3. Pero al no tener amor no ocurre sobre la base de obediencia.

4. El resultado: un ruido que le choca en los oídos a Dios —una fe que no le agrada a Él.

Verso 2- *"Y si tuviese profecía, y entendiese todos los misterios y toda ciencia, y si tuviese toda la fe, de tal manera que trasladase los montes, y no tengo amor, nada soy"*.

Si activamos nuestra fe en el ámbito sobrenatural, sin amor:

1. Escuchando/aprendiendo lo que Dios dice en Su Palabra sobre profecía, sabiduría, fe, milagros y prodigios.

2. Desarrollamos una manera de tener resultados, y grandes.

3. Pero al no tener amor, esa fe y sus resultados no están fundamentados en la verdadera obediencia.

4. El resultado final: somos nada.

Verso 3- *"Y si repartiese todos mis bienes para dar de comer a los pobres, y si entregase mi cuerpo para ser quemado, y no tengo amor, de nada me sirve"*.

Si activamos nuestra fe en el ámbito de servicio y abnegación, sin amor:

1. Escuchando/aprendiendo lo que Dios dice en Su Palabra sobre dar, confiar en Su provisión e inclusive ser mártires.

2. Poniendo nuestra fe en acción haciendo obras por el prójimo.

3. Mas Dios, que mira dentro del corazón, sabe si es en amor o no.

4. El resultado final: de nada sirve.

¿Quieres una fe muerta? No hagas nada. ¿Quieres una fe activa? Actúa. ¿Quieres una fe basada en la obediencia? Escucha y actúa de acuerdo con la palabra de Dios. ¿Quieres una fe que agrade a Dios? Escucha y actúa de acuerdo con la Palabra de Dios, amándole sobre todas las cosas y amando a los demás como a ti mismo. ¿Inalcanzable? Sí, si no fuese por el tercer elemento base de la fe…

Transformación

No es fácil cumplir con todas las expectativas de una fe que agrada a Dios. En realidad, es realmente imposible en mis propias fuerzas, pues tiendo a pensar primero en mí, segundo en mí y tercero en mí. No está en mí amar a mi prójimo como a mí mismo. ¡Y ni hablar de amar a Dios sobre todas las cosas!

¿Alguna vez te has sentido así?

La razón es simple, la humanidad dejó la semejanza que tenía con Dios cuando desobedeció en Edén. Dios es amor (1 Juan 4:8), lo que nos indica que al principio el hombre compartía esa característica al ser hecho a Su semejanza, pero al escoger el pecado, Adán y Eva se despojaron de la esencia que les permitía amar de verdad, pues desgarraron la conexión con el amor —con Dios. Mas Dios nunca perdió Su esencia ni Su carácter —Dios nunca perdió Su capacidad de amar. Por eso Él siempre tuvo un plan de redención a corto, mediano y largo plazo.

Inmediatamente después de visitar al hombre, luego de la caída en Edén, Dios le vistió con pieles —corto plazo. Siglos más tarde levantó al pueblo judío, dándole la Ley —mediano plazo. Posteriormente, siglos más tarde —largo plazo—, envió a Su Hijo unigénito a morir y resucitar para que todo aquel que en Él cree no se pierda, mas tenga vida eterna (Juan 3:16). Dios, en Su bondad y misericordia, nos amó primero desde antes de la fundación del mundo y cuando aún éramos sus enemigos (1 Juan 4:19, Efesios 1:3-5, Romanos 5:10-12). En Su amor, nuestro Dios preparó un plan perfecto para restaurar Su imagen en el hombre. ¡La culminación de Su plan dividió la historia de la humanidad en dos partes: antes y después de Cristo!

Sin Cristo no hay forma de amar a nuestro Dios y a nuestro prójimo como Él nos manda. Lo que no es posible para el hombre lo es para Dios (Lucas 18:27), por eso en Cristo sí es posible. En el Edén, el hombre fue formado a la imagen de Dios antes de recibir el aliento de vida (Génesis 2:7). En Cristo, el hombre es transformado luego de volver a la vida cuando le recibe como Señor y Salvador. ¡La diferencia entre estos es grande!

Cuando Dios formó a Adán, este no estaba consciente, pues todavía no estaba vivo —no sentía dolor. Imagínate sentir cómo te mueven los huesos de sitio o te estiran las extremidades. ¡Uy! El nuevo creyente, por el contrario, sí está muy consciente y es capaz de *sentir* el proceso de transformación. Esta transformación requiere la muerte de la carne y sus pasiones: un proceso incómodo, en términos humanos, que contiene una recompensa eterna de parte de Dios. Mientras Dios Padre pone en acción Su plan maestro de redención en tu vida, como un alfarero, comienza a restaurar Su imagen en ti y en mí en Cristo Jesús, ¡Aleluya! Su propósito es que cada día nos parezcamos más y más a Jesucristo, pues Él dijo: *"El que me ha visto a Mí, ha visto al Padre"* (Juan 14:9). Veamos algunos versículos de la Palabra. Nota que esto fue escrito para nosotros los creyentes. Lo cual indica que hay un proceso de transformación después de recibir a Cristo, quien es la vida (Juan 14:6).

> Romanos 12:2
>
> No os conforméis a este siglo, sino transformaos por medio de la renovación de vuestro entendimiento, para que comprobéis cual sea la buena voluntad de Dios, agradable y perfecta.

Aquí la palabra nos enseña que un elemento clave para ser transformados es la *renovación de nuestro entendimiento*. Los pensamientos y caminos de Dios no son los nuestros (Isaías 55:8). La imagen que Dios desea formar en nosotros, Sus hijos, es locura para el mundo (1 Corintios 1:18), y a veces puede parecer raro para el creyente también. Cuando llevamos cautivo todo pensamiento a la obediencia de Cristo, incluye toda opinión que podamos tener y que no esté alineada con la buena voluntad de Dios, agradable y perfecta. Esta área es clave, pues a veces cargamos patrones de pensamiento sembrados desde cuando éramos niños —tanto en lo terrenal como en lo espiritual. Cuando yo era pequeño, un tío me dijo que no tragara las semillas de naranja —o, en puertorriqueño, "china". "¿Por qué, tío?" —pregunté. "Tú no quieres que te nazca un árbol de 'chinas' en la barriga…". Pasaron años antes de que yo dejara esa creencia y hoy, si me trago una semilla, por un segundo llega ese pensamiento a mi mente. De igual forma, no todo lo que escuchamos de otros creyentes, cuando comenzamos a caminar con El Señor, es completamente correcto. En tu caminar con El Señor, pídele que te revele cuáles patrones de pensamiento es necesario que entregues a los pies de la cruz, ya sean de origen natural —como mi árbol de naranjas— u originado en una enseñanza incompleta de la Palabra, Él te lo revelará. Él desea renovar tu entendimiento a través de Su Espíritu Santo. ¿Por qué? El verso lo dice: para que puedas conocer Su voluntad; conocer Su voluntad abre la puerta a la obediencia para que puedas dar pasos de fe respaldados por la fuerza entera del Reino de Dios. ¡Gloria a Dios!

Colosenses 3:1-11

Si, pues, habéis resucitado con Cristo, buscad las cosas de arriba, donde está Cristo sentado a la diestra de Dios. Poned la mira en las cosas de arriba, no en las de la tierra. Porque habéis muerto, y vuestra vida está escondida con Cristo en Dios. Cuando Cristo, vuestra vida, se manifieste, entonces vosotros también seréis manifestados con él en gloria. Haced morir, pues, lo terrenal en vosotros: fornicación, impureza, pasiones desordenadas, malos deseos y avaricia, que es idolatría; cosas por las cuales la ira de Dios viene sobre los hijos de desobediencia, en las cuales vosotros también anduvisteis en otro tiempo cuando vivíais en ellas. Pero ahora dejad también vosotros todas estas cosas: ira, enojo, malicia, blasfemia, palabras deshonestas de vuestra boca. No mintáis

> *los unos a los otros, habiéndoos despojado del viejo hombre con sus hechos, y revestido del nuevo, el cual conforme a la imagen del que lo creó se va renovando hasta el conocimiento pleno, donde no hay griego ni judío, circuncisión ni incircuncisión, bárbaro ni escita, siervo ni libre, sino que Cristo es el todo, y en todos.*

Nota cómo la palabra trae los conceptos de *resurrección y muerte*. Lo normal es que alguien muera para ser resucitado, como Jesús resucitó a Lázaro (Juan 11:38-44). Sin embargo, el verso comienza hablando de la resurrección primero y luego de la muerte. Cuando recibo a Cristo como Salvador y Señor, mi ser pasa de muerte a vida (Juan 5:24) —resurrección. Colosenses 3 nos dice, ya resucitados, que hagamos *morir lo terrenal*. Es en esa combinación de resurrección y muerte donde se desata la transformación. Dios, en Cristo Jesús y a través de Su Espíritu Santo, va formando Su imagen nuevamente en nuestras vidas. Es Su voluntad que lo espiritual viva y lo carnal muera. A Él le toca resucitar lo espiritual y a ti y a mí nos toca hacer morir lo carnal. Como ves, en esa dinámica el creyente juega un papel importante, que tiene la capacidad de catapultar o de minimizar su proceso de transformación.

Este pasaje tiene instrucciones específicas para el creyente:

1. **Busca** las cosas de arriba.

2. **Pon** la mira en las cosas de arriba.

3. **Haz morir** lo terrenal: *fornicación, impureza, pasiones desordenadas, malos deseos y avaricia, que es idolatría.*

4. **Deja** también…: *ira, enojo, malicia, blasfemia, palabras deshonestas de vuestra boca. No mintáis los unos a los otros.*

5. **Despójate** del viejo hombre.

6. **Revístete** del nuevo hombre.

7. **Renuévate** hasta el conocimiento pleno.

Siete verbos, siete acciones, que son claves para la transformación del creyente. Es necesario actuar para ser transformados, pero recuerda que la resurrección también es vital. Lo que requiere resurrección solo lo puede hacer Dios. Lo que requiere muerte necesita tu cooperación. Recuerda, la acción es parte esencial de la fe, mas no siempre es tu acción. En ocasiones la clave es la acción de Dios y nuestra capacidad de confiar y esperar en Él. A veces actúo para ser transformado y otras soy transformado al actuar. ¿Cómo sabemos la diferencia? En una relación de amor con Él.

Una nota final sobre la transformación: mientras vivamos en la Tierra habrá algo que necesite ser transformado en nosotros. Dice la Palabra que Aquel que la buena obra comenzó en nosotros, la perfeccionará hasta el día de Jesucristo (Filipenses 1:6). El mismo Pablo dijo:

> No que lo haya alcanzado ya, ni que ya sea perfecto; sino que prosigo, por ver si logro asir aquello para lo cual fui también asido por Cristo Jesús. Hermanos, yo mismo no pretendo haberlo ya alcanzado; pero una cosa hago: olvidando ciertamente lo que queda atrás, y extendiéndome a lo que está delante, prosigo a la meta, al premio del supremo llamamiento de Dios en Cristo Jesús.[3]

¿Deseas agradar a Dios? Pues prepárate para una aventura de fe. Prepárate para caminar en una relación de amor y obediencia a Dios. ¡Prepárate para ser transformado!

---

3. Filipenses 3:12-14.

Relación, acción, transformación

Relación

1. Desde el principio, Dios ha deseado tener una relación cercana con el hombre.

2. La fe que agrada a Dios es una fe que primeramente valora, busca y fomenta una relación con Dios a través de Jesucristo.

3. Desde el principio Dios tuvo un plan perfecto para redimir a la humanidad y restaurar la relación que se perdió en la caída.

4. La fe que agrada a Dios tiene como centro una relación con Él a través de Jesucristo.

Acción

1. La obediencia es la manera en que demostramos nuestro amor a Dios (Juan 14:15).

2. La acción debe reflejar la voluntad de Dios, no la nuestra.

Transformación

1. En nuestras fuerzas no podemos agradar a Dios.

2. Dios desea formar Su imagen, la imagen de Cristo, en nosotros.

3. Hay cosas que solo Dios puede resucitar, hay otras que tenemos que hacer morir.

4. El creyente tiene la capacidad de catapultar o de minimizar su proceso de transformación.

Preguntas de reflexión

1. ¿En cuál de los elementos de la fe (relación, acción, transformación) tiendes a ser más fuerte? ¿Cómo podrías ayudar a otros hermanos en esa área?

2. ¿En cuál de los tres elementos de la fe el Señor te está mostrando que debes enfocarte para crecer a otro nivel en Él?

3. ¿Qué puedes comenzar a hacer hoy para fortalecer esa área fundamental de tu caminar con Dios?

4. ¿Qué área de tu vida necesita el poder de resurrección de Dios? ¿Qué áreas necesitas hacer morir?

II

Las 7 dimensiones de la fe

En la Parte I establecimos que la fe tiene tres elementos fundamentales: *relación, acción, y transformación*. También resaltamos la importancia y preeminencia del *amor* como el ingrediente principal de la fe. Por último, reconocimos que no podemos agradar a Dios en nuestras fuerzas, sino que necesitamos ser transformados por Él. Mantén estas verdades en tu mente y tu espíritu mientras lees el resto de este libro. Cada ejemplo, cada pasaje bíblico, cada principio escrito en el resto de este libro, toma como guía lo que establecimos en la Parte I.

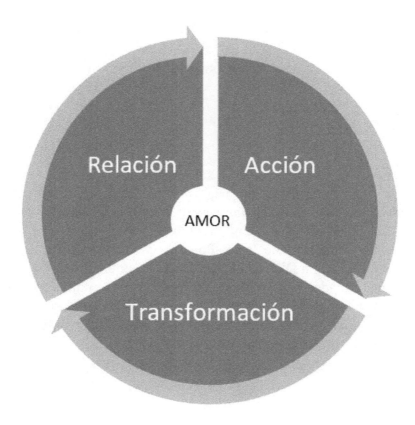

**Fig.1. Elementos fundamentales de la
fe e importancia del amor**

CAPÍTULO 3

Dimensión 1: La fe que pide y clama

¡No puedo respirar! Ese pensamiento llenaba todo mi ser esa noche fría de diciembre en Puerto Rico. A los 6 años, no entendía claramente lo que ocurría, solo que mi respiración era tan leve que no me permitía hablar, todo mi rostro expresaba terror. Recuerdo que abría los ojos bien grandes, como si así pudiesen absorber el oxígeno que mis pulmones anhelaban. En esa ocasión, en particular, estaba en casa de una de mis tías —tía Nellín, hermana de mi mamá, también creyente. Recuerdo las miradas de preocupación de mi tío Jovino y mi prima Nelly; pero, sobre todo, recuerdo ese sentimiento de estar completamente derrotado y sin opciones. Algo peor que el Chupacabras y el Cuco juntos me tenía atrapado, me apretaba con sus garras y no me quería soltar… un monstruo horripilante y despiadado… Un monstruo llamado "asma".

"Lo heredó de su familia paterna", fue la causa que escuché muchas veces, pues corría por ese lado de la familia. Asma: cuatro letras que trataron de definirme desde temprana edad. Tuve muchos tratamientos, incluyendo naturales y médicos; de igual forma, varias veces al año y cada diciembre, sufría una crisis. Aun así y paralelamente a mi vivir en las garras del asma, mi mamá no olvidaba el pacto que había hecho con Dios: "Si permites que mi hijo viva, te lo voy a dedicar a Ti". Así que desde bebé me llevó con ella a la iglesia y desde pequeñito me contó cómo El Señor me permitió vivir. Desde muy niño entendí que necesitaba a Jesucristo en mi corazón, por lo que a los 6 años acepté a Jesucristo como Señor y Salvador.

No pasó mucho tiempo cuando comprendí que podía pedir a Dios un milagro y que Él podía librarme de ese espectro llamado asma. Así que con la inocencia y fe de un niño entre 6 y 7 años clamé por primera vez al Señor: "¡Sáname!".

Clama a Mí, y Yo te responderé, y te enseñaré cosas grandes y ocultas que tú no conoces.

Jeremías 33:3

Clamar, invocar, llamar por nombre, invitar: todas estas variaciones provienen de la palabra hebrea *qāra'* (Strong's H7121*)*. Esta palabra es utilizada en el Antiguo Testamento, así como en el Nuevo Testamento, aunque en su forma griega. Clamar a Jehová es esencial en la vida del creyente. Tanto así que hasta es una parte integral de la salvación porque *todo el que invocare el nombre del Señor, será salvo* (Hechos 2:21, Romanos 10:13).

Qāra' es pedirle a Dios que entre en nuestro entorno. Cuando clamamos a Dios, aceptamos que nuestro entorno *natural* necesita de Su *sobrenatural.* El clamor es la dimensión de fe que se desata cuando vamos ante Dios y aceptamos que necesitamos Su intervención. Hay ocasiones en que la necesidad es evidente y el clamar e invocar a nuestro Señor es como una semilla cuyo fruto es un milagro.

Veamos este aspecto de la fe a través de la Palabra.

Josué 10:1-14: Cinco reyes amorreos hacen una alianza para destruir a Israel. Jehová Dios le dice a Josué, el líder, que no tenga temor, pues Él le daría la victoria sobre sus enemigos. Desatándose una batalla donde "... *Jehová arrojó desde el cielo grandes piedras sobre* [los amorreos]..." (v. 11). En el versículo 12 se registra que *"Entonces Josué habló a Jehová... y dijo en presencia de los Israelitas: Sol, detente en Gabaón; Y tú, luna, en el valle de Ajalón".* ¡Y así ocurrió! Entonces, el versículo 14 dice: *"Y no hubo día como aquel, ni antes ni después de él, habiendo atendido Jehová a la voz de un hombre; porque Jehová peleaba por Israel".*

1 Reyes 17:21-22: *"Y [Elías] se tendió sobre el niño tres veces, y clamó a Jehová y dijo: Jehová Dios mío, te ruego que hagas volver el alma de este niño a él. Y Jehová oyó la voz de Elías, y el alma del niño volvió a él, y revivió".*

2 Samuel 22:4: *"Invocaré a Jehová, quien es digno de ser alabado, y seré salvo de mis enemigos".*

Salmos 102:2: *"No escondas de mí tu rostro en el día de mi angustia; Inclina a mí Tu oído; Apresúrate a responderme el día que te invocare".*

Salmos 141:1: *"Jehová, a Ti he clamado; apresúrate a mí; Escucha mi voz cuando te invocare".*

Salmos 42:1: *"Como el ciervo brama por las corrientes de las aguas, Así clama por Ti, oh Dios, el alma mía".*

Lucas 17:12-14: *"Y al entrar en una aldea, le salieron al encuentro diez hombres leprosos, los cuales se pararon de lejos y alzaron la voz diciendo: ¡Jesús, Maestro, ten misericordia de nosotros! Cuando Él los*

> *vio, les dijo: Id, mostraos a los sacerdotes. Y aconteció*
> *que mientras iban, fueron limpiados".*

Estos son algunos de tantos ejemplos de las ocasiones en que el ser humano ha llamado, pedido o clamado a Dios por un milagro. ¿Y tú? En este momento tal vez recuerdes las veces que has clamado al Señor. Momentos en que necesitaste que lo sobrenatural de Dios interviniera en *tu* situación. Quizás estabas lejos, pero al igual que los leprosos, en Lucas 17, te acercaste lo suficiente a Dios para alzar tu voz y ser escuchado. Tal vez te preguntas ¿y qué pensará el Señor de todo esto? Qué bueno que preguntaste. Clamar a Dios no es otra cosa que venir a Él en oración. Así sea en el auto, en el supermercado, en la escuela, en el trabajo, en la iglesia o en la casa. Una vez que comenzamos a clamar estamos hablando con Dios. Veamos en Su palabra lo que Él dice sobre pedir y clamar a Él.

El apóstol Juan, inspirado por el Espíritu Santo, plasma una de mis secciones favoritas de la Biblia en los capítulos 15, 16, y 17 del Evangelio de Juan. Jesús, próximo a ser traicionado y crucificado, utiliza al máximo esos momentos con Sus discípulos. Se puede ver como Él está ministrando, enseñando e intercediendo al Padre por todos nosotros, antes de ir a la cruz. (Te recomiendo que leas esos capítulos antes de proseguir, no te arrepentirás). Miremos Juan 16 y otros pasajes bíblicos sobre el pedir a Dios:

> **Juan 16:23-24:** *"En aquel día no me preguntaréis nada. De cierto, de cierto os digo, que todo lo que pidiereis al Padre en mi nombre, os lo dará. Hasta ahora nada habéis pedido en mi nombre; pedid, y recibiréis, para que vuestro gozo sea cumplido".*

> **Juan 16:26-27:** *"En aquel día pediréis en mi nombre; y no os digo que yo rogaré al Padre por vosotros, pues el Padre mismo os ama, porque vosotros me habéis amado, y habéis creído que yo salí de Dios".*

Mateo 7:7: *"Pedid, y se os dará; buscad, y hallaréis; llamad, y se os abrirá".*

1 Reyes 3:5: *"Y se le apareció Jehová a Salomón en Gabaón una noche en sus sueños, y le dijo Dios: Pide lo que quieras que yo te dé".*

Salmos 2:8: *"Pídeme, y te daré por herencia las naciones. Y como posesión tuya los confines de la tierra".*

Filipenses 4:6: *"Por nada estéis afanosos, sino sean conocidas vuestras peticiones delante de Dios en toda oración y ruego, con acción de gracias".*

Hemos visto en Su palabra que Dios no tiene ningún problema con que Sus hijos le pidan o clamen a Él. Por esa razón, cuando clamamos podemos tener la certeza y convicción de que Él responderá. Eso sí, debemos recordar que Su respuesta no está sujeta a nuestras expectativas. Cuando Él responde, hay ocasiones en que Su respuesta no tendrá sentido en ese momento. Por ejemplo, los leprosos en Lucas 17 piden misericordia; se veía a leguas que tenían lepra. Aún más, Jesús en otra ocasión sanó un leproso *tocándole* (Marcos 1:40-45). Sin embargo, para esos diez Su respuesta no fue tocarlos, sino que fuesen a mostrarse a los sacerdotes. ¿Cómo? Su respuesta no estaba sujeta a las expectativas de ellos.

¿Y qué decimos de Naamán? 2 Reyes, capítulo 5, cuenta la historia de Naamán, jefe del ejército sirio, quien sufría de lepra. Mientras iba camino a ver al profeta Eliseo, este le envía instrucciones de ir a lavarse siete veces en el río Jordán. Hay mucho que se puede aprender de esta historia, pero enfoquémonos en el versículo 11. En la versión Dios Habla Hoy, dice: *"Naamán se enfureció, y se fue diciendo: "Yo pensé que iba a salir a recibirme, y que de pie iba a mover su mano sobre la parte enferma, y que así me quitaría la lepra*". La respuesta de parte de Dios no fue de acuerdo con las expectativas de Naamán.

Así que pide, llama y clama sin reservas; solo recuerda que es muy probable que Dios te sorprenda con Su respuesta. Recuerda: *relación, acción, transformación*. Él aún desea moldearte a Su imagen:

La fe que clama se atreve a pedirle a Dios que entre en nuestro entorno. La fe que clama llama a Dios por Su nombre y reconoce que solamente Él puede cambiar nuestra situación. La fe que clama se atreve a pedirle a Dios un milagro. La fe que clama es fundamental, pero para continuar creciendo y desarrollando la fe que agrada a Dios, solo clamar no es suficiente...

Recuerdo una petición especial que hice a los 13 años. Estaba tratando de aprender a tocar guitarra, pidiéndole a mi tío que me enseñara los acordes en su guitarra acústica. Un día clamé y pedí al Señor: "Señor, enséñame a tocar la guitarra. Si me enseñas, yo la tocaré para Ti". En los meses y años que siguieron, fue como si hubiesen encendido un *switch* dentro de mí. Tenía sentido lo que practicaba y pude aprender de manera autodidacta, mayormente con revistas, libros y acompañado de mi música favorita con mi radio. Tuve la oportunidad de tomar un año de clases, específicamente de este instrumento, en la escuela superior, pero el progreso lo veía antes y después de esas pocas clases. Dios respondió a mi oración y por Su gracia yo he podido cumplir mi promesa. Desde un poco antes de ir a la universidad y hasta el día de hoy he tenido el privilegio de tocar en diferentes grupos de alabanza, en las iglesias donde he pertenecido. He sido bendecido con varias canciones que he podido escribir y parte de mi misión actual es liderar el grupo de alabanza en mi iglesia. Toda gloria y honra sean para el Señor. No soy el mejor guitarrista del mundo, ¡pero tuve el mejor maestro del universo!

Preguntas de reflexión

1. ¿Al reflexionar acerca de este capítulo, en qué áreas de tu vida no has pedido a Dios por temor a que Su respuesta no se ajuste a tus expectativas?

2. ¿En qué áreas no le clamas porque piensas que puedes hacerlo por ti mismo o misma?

3. Tomando en cuenta lo que leíste en este capítulo, ¿qué debes cambiar en cuanto a tu petición o clamor?

CAPÍTULO 4

Dimensión 2: La fe que persiste y persevera

¿A qué niño no le gusta parecerse a su papá? De niños queremos su fuerza, sus habilidades y sus pies planos. Bueno, no los pies planos, pero a mí me tocó heredar los pies planos de mi papá: no era tan malo como el asma, pero de alguna forma me entró entre ceja y ceja que yo no quería tener los pies planos. En aquel tiempo ponían las campañas evangelísticas del hermano Yiye Ávila por la TV, y compartían testimonios de sanidades, incluyendo de pies planos. Así que hice lo que todo niño creyente haría, oré: "Señor, en el nombre de Jesús, dame arcos en mis pies". ¡Miré mis pies y… nada, todavía eran tan planos como una patineta! Ok, lo añadiría en el segundo puesto en mi lista de oración. El número uno lo ocupaba el monstruo del asma, que todavía me atormentaba.

En cierta ocasión, fuimos en persona a una campaña del hermano Yiye. "¡Ahora sí!", pensaba yo. Poco después de la predicación, llegó el momento de orar por sanidad. Recuerdo que ya a esa edad me preguntaba si algún día ocurriría. Ese día no ocurrió nada, pero seguí orando.

Pasó el tiempo y un día, quizás con 11 años, mi mamá, mi hermana y yo veíamos una campaña de Yiye en TV. Múltiples veces había puesto mi mano en la TV cuando hacían la oración por sanidad. No recuerdo si esta vez lo hice o no. Sí recuerdo estar sentado, descalzo, en nuestro sofá mientras las personas sanadas compartían sus testimonios por la TV. De repente, mami y mi hermana comienzan a llamarme "Elmer, ¡Elmer!, ¡Elmer!". Recuerdo ver los ojos de ellas tan abiertos y grandes como nunca los había visto. "¡Tienes arco!", decían. Y así, de repente y cuando no lo esperaba, llegó el milagro que llevaba años pidiendo al Señor. Como en un pestañar y sin yo sentir nada, el milagro llegó a mi vida.

Era un niño, solamente sabía pedir en el nombre de Jesús y decir amén al final de cada oración. Con el tiempo aprendería otros principios bíblicos referentes a la fe. Mas a esa temprana edad, aunque no lo internalicé en ese momento, experimenté la importancia no tan solo de clamar, sino de la segunda dimensión de la fe: la fe que persiste y persevera. Qué alegría sentí. Mi Dios respondió a mi clamor, mas todavía había un monstruo por conquistar, el número uno en mi lista…

Y seréis aborrecidos de todos por causa de mi nombre; mas el que persevere hasta el fin, éste será salvo.

Mateo 10:22

¿Y acaso Dios no hará justicia a sus escogidos, que claman a Él día y noche? ¿Se tardará en responderles?

Lucas 18:7

La segunda dimensión de la fe está compuesta de dos conceptos interconectados: *persistencia* y *perseverancia*. Estos conceptos, aunque parecidos, se complementan en sus diferencias y son de gran valor en el caminar del creyente. Con esto en mente, construyamos un modelo mental que nos ayude a internalizar esta dimensión de la fe. Comencemos definiendo los términos para efectos de este libro.

Perseverancia: Nos referimos a la longanimidad y constancia a largo plazo del creyente. Mantenerse en los caminos del Señor, pase lo que pase, cueste lo que cueste. La perseverancia es macro, perseveramos "hasta el fin" (Mateo 10:22), no queremos quedarnos a medias; queremos estar en la eternidad con Cristo. Todos los discípulos, excepto Judas, fueron ejemplos de esto; Judas no perseveró. Pedro, Santiago, Juan, y luego Pablo, por ejemplo, perseveraron hasta el fin. Muchos fueron mártires.

Persistencia: Nos referimos a la actitud del creyente en su clamor a Dios. La persistencia es micro. Cada oración y clamor de fe comienza un ciclo de persistencia. Al Dios responder algunas peticiones, quedan otras para seguir persistiendo en oración. Lo importante es mantenerse activo pidiendo, clamando, invocando el nombre del Señor *hasta recibir Su respuesta al respecto.* Este tipo de persistencia influye en nuestra perseverancia. Veamos algunos ejemplos de persistencia en la Biblia:

Jacob: En Génesis se registra una de las expresiones de persistencia más sobrenaturales en la Biblia:

> Así se quedó Jacob solo; y luchó con él un varón hasta que rayaba el alba. Y cuando el varón vio que no podía con él, tocó el encaje de su muslo, y se descoyuntó el muslo de Jacob mientras con él luchaba. Y dijo: Déjame, porque raya el alba. Y Jacob le respondió: No te dejaré, si no me bendices. Y el varón le dijo: ¿Cuál es tu nombre? Y él respondió: Jacob. Y el varón le dijo: No se dirá más tu nombre Jacob, sino Israel; porque has luchado con Dios y con los hombres, y has vencido. Entonces Jacob le preguntó, y dijo: Declárame ahora tu nombre. Y el varón respondió: ¿Por qué me preguntas por mi nombre? Y lo bendijo allí. Y llamó Jacob el

nombre de aquel lugar, Peniel; porque dijo: Vi a Dios cara a cara, y fue librada mi alma.[4]

Jacob, que significa *suplantador* (Strong's H3290) o *usurpador,* tiene un encuentro con Dios que cambió todo. Jacob persistió hasta que rayaba el alba. ¿Su petición? Ser bendecido por Dios. Jacob, quien había tratado de alcanzar la bendición por sus propios medios, incluyendo el engaño, se encontraba de frente a la fuente de la bendición que él anhelaba. Ante esa realidad, Jacob decide persistir, y persistir, y persistir aún más, hasta que recibe la bendición que tanto buscaba. Y recibió aún más, pues Dios le cambió el nombre a *Israel,* que significa *Dios prevalece* (Strong's H3478).

Pongamos esto en perspectiva. Obviamente Dios, quien es omnipotente, era más fuerte que Jacob. La palabra en el original para *luchar* no se refiere a golpes. En inglés es traducida a *wrestle* o *grapple,* que hace referencia a una imagen de contacto físico, tipo lucha greco-romana. Los que somos padres sabemos lo que es "luchar" con nuestros hijos en la sala de la casa cuando son pequeños. Bajamos a su nivel y jugamos "midiendo fuerzas". Dejamos que sientan que son capaces de ganar, creamos memorias, conectamos, *nos relacionamos.* De forma similar, Dios bajó al nivel de Jacob para que pusiera en práctica y ejercitara su persistencia. Esto le permitió a Jacob descubrir cuánto anhelaba realmente la bendición de Dios, ¡para que Jacob pusiera su fe en acción en una base de *relación* y *acción* que causó una *transformación* en su vida!

El propósito de la persistencia es darle acción a nuestra fe para *recibir una respuesta.* Y la respuesta más importante es ser cambiados por Dios. En el caso de Jacob, dejó de ser *usurpador;* su carne menguó y su espíritu fue vivificado. Literalmente, cuando le descoyuntaron el muslo fue paralelo a desatar su propósito, *Israel, el nombre del pueblo de Dios.* ¡Qué importante es persistir en la oración! Nota que su petición fue ser bendecido y Dios lo hizo en su persistencia. Persiste en tu clamor hasta que recibas

---

4. Génesis 32:24-30.

una respuesta, aunque la respuesta tarde en llegar más de lo que esperabas.

Daniel: En el libro de Daniel vemos un contraste muy importante para el creyente. En el capítulo 9, Daniel está clamando a Dios:

> Aún estaba hablando y orando, y confesando mi pecado y el pecado de mi pueblo Israel, y derramaba mi ruego delante de Jehová mi Dios por el monte santo de mi Dios; aún estaba en oración, cuando el varón Gabriel, a quien había visto en la visión al principio, volando con presteza, vino a mí como a la hora del sacrificio de la tarde.[5]

¡Aleluya! Su respuesta llegó rápido, pero fue diferente a su petición. Daniel pedía (v. 16): "… apártese ahora tu ira y tu furor de sobre la ciudad de Jerusalén…"; v. 17: "… haz que tu rostro resplandezca sobre tu santuario asolado…". Daniel clamaba por su nación, y Dios, sin embargo, respondió con revelación y visiones proféticas. Hermanos, los pensamientos de Dios no son los nuestros (Isaías 55:8). Dios quiere que le clamemos, invoquemos y pidamos, pero tenemos que estar dispuestos a recibir lo que Él desee darnos.

El capítulo 10 es diferente. Daniel se encuentra en un ayuno de tres semanas (v. 2 y 3). Pongámonos en la posición de Daniel. Él sabía, por experiencia, que Dios contestaba sin tardar: *"Al principio de tus ruegos fue dada la orden…"* (Daniel 9:23). Daniel hubiese podido rendirse y dejar de clamar, mas él *persistió*. Un día se convirtió en dos. Dos días se convirtieron en una semana. Dos semanas se convirtieron en tres, pero Daniel persistió. El día número veintiuno llegó la respuesta. Los versos 12 y 13 pintan un cuadro crítico para el creyente:

> Entonces me dijo: Daniel, no temas; porque desde el primer día que dispusiste tu corazón a entender y a humillarte en la presencia de tu Dios, fueron oídas tus palabras; y a causa de tus palabras yo he venido. Mas

---

5. Daniel 9:20,21.

> el príncipe del reino de Persia se me opuso durante
> veintiún días...[6]

Al igual que en capítulo 9, la respuesta fue enviada tan pronto Daniel comenzó a clamar. Sin embargo, en el capítulo 10 entra una variable adicional, la *oposición*. Observa que en el capítulo 9 fue necesaria la *sinceridad* de Daniel, mientras que en el capítulo 10, a su sinceridad tuvo que añadirle *persistencia*.

Qué alegría cuando la respuesta llega con premura. Qué difícil cuando se tarda en llegar. Es en ese momento cuando tenemos que persistir en la oración y clamor. Persistir en invocar la presencia de Dios en nuestra situación, en nuestro entorno. Persistir en clamar por una respuesta, aunque parezca que se tarda en llegar, aunque parezca ser o sea diferente a nuestras expectativas. ¡Oh, que podamos entender que la oposición sucumbe al otro lado de nuestra persistencia porque nuestras fuerzas están en el Señor!

Pablo: En 2 Corintios 12:7-9, Pablo se refiere a un "aguijón en la carne", que él había rogado al Señor tres veces que se lo quitara. Luego en el verso 9 comparte la respuesta del Señor: "... Bástate mi gracia; porque mi poder se perfecciona en la debilidad...".

¿Por qué Pablo rogó solo tres veces y no más? Porque recibió una respuesta de parte del Señor para su petición. Esa respuesta le dio forma al próximo paso de fe de Pablo; aunque inicialmente quería que se le quitara eso, la respuesta le dio un camino que él no había visto antes. Continúa el verso 9: "... Por tanto, de buena gana me gloriaré más bien en mis debilidades, para que repose sobre mí el poder de Cristo". Aunque la respuesta no era la que había pedido, igual le hizo libre, pues en su fe se remontó por encima de la aflicción. En la respuesta de Dios está la clave de nuestra victoria, milagro y propósito. En cada uno de estos tres ejemplos —Jacob, Daniel y Pablo— su persistencia les permitió llegar a la respuesta. Y cuando escucharon la respuesta de Dios, siguieron adelante a lo próximo que tenía Dios para cada uno de ellos: Pablo modificó su confesión de fe, Daniel pasó de clamar y

---

6. Daniel 10: 12, 13.

ayunar a escribir las visiones de Dios, y Jacob aceptó el cambio de nombre y de carácter que le dio Dios para continuar formando una futura nación.

Clamar toca el corazón de Dios y abre las líneas de comunicación para escucharle. ¡Oh, qué maravilloso es recibir Su respuesta a nuestra oración! Mas Dios no solo responde, sino que instruye y dirige también. El sonido de Su voz nos avisa que ha llegado la hora de *escuchar* y *obedecer*.

Un ejemplo de persistencia en la oración lo observé en la vida de mi esposa, Mary. Ya les conté que las oraciones de fe de mi mamá ayudaron a que yo naciera. Años más tarde fueron las oraciones de fe de Mary las que ayudaron a que me reconciliara con Dios cuando estuve apartado. Durante esos meses que se sintieron como años, sin yo saberlo, ella ungía mi almohada con aceite, orando al Señor por mi vida y mi retorno a Su redil. Yo seguía tratando de alejarme más y más, pero no podía olvidar al Señor, lo cual me causaba un desespero emocional enorme. En mi punto más bajo, salí de mi trabajo una tarde y comencé a manejar sin rumbo, por horas. De repente, como a dos horas de distancia de mi casa, llegó un mensaje de voz a mi celular; era de mi pastor en ese entonces: "Elmer, no existe un hoyo tan profundo de donde el amor del Señor no pueda rescatarte…". En ese momento decidí dejar de correr. Llegué a mi casa y llamé al pastor para comenzar el proceso de restauración. No fue fácil para ella, pero Mary decidió persistir y seguir orando por mí. Pocos años más tarde nació el primero de nuestros dos tesoros. Este año cumplimos nuestro aniversario número 25. Estoy convencido de que todas esas bendiciones las tenemos hoy por Mary haber activado la fe que persiste y persevera, llevándome al Padre en oración.

Preguntas de reflexión

1. ¿Qué efecto tendría en tu caminar como creyente, si aumentaras tu persistencia y perseverancia en oración a tu vida?

2. ¿En qué crees que deberías enfocarte, si quieres ser más perseverante en tu vida de oración?

3. ¿Cuál sería el efecto en tu fe, si incrementaras tu perseverancia?

CAPÍTULO 5

Dimensión 3: La fe que escucha y obedece

La primera vez que me tocó responder a la voz de Dios tenía tan solo seis años. Mamá y yo íbamos a una pequeña iglesia, no muy lejos de nuestra casa en Puerto Rico. Pero este día fue diferente, cuando el predicador hizo el llamado para los que quisieran aceptar al Señor Jesucristo como Señor y Salvador, escuché la voz de Dios; más bien, sentí Su voz en mi corazón. Su voz me hizo saber que yo le necesitaba en mi vida. Ese día le di mi corazón al Señor.

La segunda vez que recuerdo haber tenido que responder y obedecer a la voz del Señor tenía ocho años. A temprana edad, el Señor me llamó a predicar. En un período de dos años, aquella pequeña iglesia donde nos congregábamos decenas había crecido a centenas. Y fue en un culto de niños donde prediqué por primera vez, a los ocho años. Recuerdo el tiempo de preparación, junto con mi mamá, quien me instruía en la Palabra y en cómo desarrollar un mensaje. En ese tiempo el Señor me dio el primero de muchos sueños a través de los años. Es una de las formas en que Él me permite escuchar Su voz.

Imagínate la emoción de ver a Dios moviéndose a tan temprana edad en mi vida. Una emoción mayor en una madre que trataba diligentemente de cumplir su promesa a Dios: "... si permites que mi hijo viva, yo te lo dedicaré a Ti". Obedecer la voz de Dios desata Su perfecta voluntad, le brinda la oportunidad de mostrarse poderoso a nuestro favor.

Desde temprana edad experimenté que decirle "sí" a Dios trae Su victoria, Su presencia y Su bendición. Responder en obediencia a la voz de Dios es como los héroes de la fe hicieron la diferencia; por otro lado, responder en rebeldía, decirle "no" a Dios, acarrea sus propias consecuencias. Algo que lamentablemente también aprendí años más tarde...

Pero sed hacedores de la palabra, y no tan solamente oidores, engañándoos a vosotros mismos."

Santiago 1:22

Hasta este momento hemos repasado, a través de la Biblia, que:

1. Dios es un Dios de milagros.

2. Dios siempre ha tomado la iniciativa de desarrollar una relación con el ser humano.

3. Dios desea que le amemos sobre todas las cosas.

4. Dios espera que clamemos y pidamos a Él.

5. Dios valora la persistencia y perseverancia del creyente.

6. La fe requiere acción.

7. La respuesta de Dios no siempre se ajusta a nuestras expectativas.

Un punto muy importante en el desarrollo de nuestra fe es que Dios no es un pozo de los deseos. Tampoco es una lámpara de Aladino ni ninguna otra una fuerza mágica impersonal. Dios no es "el universo" como personalidades y artistas seculares pretenden hacernos creer, negando la esencia misma del carácter de Dios. Dios es mucho más. Vemos en la Biblia cómo Dios es bueno, misericordioso, amoroso, celoso y justo. Vemos cómo Él siente, desea, crea, ama, liberta y mucho más. Y dentro de todo lo que Dios es y hace encontramos algo muy especial, el único y verdadero Dios, creador y sustentador del universo, omnipotente, omnisciente y omnipresente; el Dios que oye y responde a las peticiones de Su pueblo decide interactuar con el ser humano de "tú a tú". En otras palabras, tu Dios, que te escucha hablarle, también te habla a ti; de igual forma, tu Dios al que le pides, también te pide a ti. Tu Dios, al que llamas y deseas que se mueva a tu favor con fuerza y determinación… ¡de igual forma te llama y también pide determinación y esfuerzo de ti!

La fe que agrada a Dios no es una fórmula. Es la forma en que podemos vivir y permanecer en Cristo *"Porque en el evangelio la justicia de Dios se revela por fe y para fe, como está escrito: Mas el justo por la fe vivirá"* (Romanos 1:17). Escribo esto con lágrimas en mis ojos. Es mi oración para que El Espíritu Santo ministre tu corazón en este momento, como está ministrando al mío mientras pienso en las veces que he llevado mis peticiones al Señor y he pedido con el corazón; así como en ocasiones en las que he pedido con mi mente y sentimientos, anhelando una respuesta de parte de Él. Debemos internalizar que el caminar con Dios es una relación dual, no es una calle de una sola dirección. Oh, ¡cuántas cosas me habrá pedido el Señor de esa misma forma y yo no respondí!: "Elmer, acércate a Mí", "ora", "guarda tu corazón", "ama", "perdona", "confía", "sueña", "escúchame", "correee", "aparta tu pie del mal", "trabaja", "predica", "sirve", "humíllate".

¿Qué te está pidiendo el Señor? ¿A cuáles de Sus peticiones les has dicho "sí" y a cuáles todavía les dices "no"? Como Él es Dios, sus "peticiones" para nosotros son *mandamientos*. Oh, Dios también persiste y persevera cuando pide, ¡aleluya! Mientras haya vida, tienes la oportunidad de activar tu fe para acercarte a Dios, amarle y obedecerle. Mientras haya vida tienes la oportunidad de decir "sí" a todo lo que Él pide y manda de ti. Además, todo lo que nos pide es para hacernos más como Él, es para que podamos estar con Él por toda la eternidad. Sus mandamientos son para nuestra bendición y requieren nuestra respuesta. Responder en fe es decir sí a Dios en cada uno de estos tres tipos de peticiones que Él te hace: *que des, que recibas, y que te rindas.* Piensa en esto: ¿Cómo comienza el caminar del creyente con Dios? Aceptando a Jesucristo como Señor y Salvador, confesando con tu boca que Dios le levantó de entre los muertos, convicción y arrepentimiento de pecado. Cierto, todo eso ocurre. Pero incluido en todo eso está *rendir* nuestra voluntad y corazón a los pies de Cristo, *darle* nuestra vida pasada y pecados; también *recibir* Su perdón y redención. Así comienza nuestro caminar de fe y así continuará hasta que lleguemos a la eternidad y le veamos cara a cara. Para caminar en esa dimensión hay un concepto fundamental en la Palabra: *Shemá.*

Shemá

> Oye, pues, oh Israel, y cuida de ponerlos [sus estatutos y mandamientos] por obra, para que te vaya bien en la tierra que fluye leche y miel, y os multipliquéis, como te ha dicho Jehová el Dios de tus padres. Oye, Israel: Jehová nuestro Dios, Jehová uno es. Y amarás a Jehová tu Dios de todo tu corazón, y de toda tu alma, y con todas tus fuerzas.[7]

Obedecer a Dios es amarle: *"Si me amáis, guardad mis mandamientos"* (Juan 14:15).

Este pasaje bíblico es central en lo que se conoce en el pueblo judío como la Oración del *Shamá.* El pueblo judío recita esa oración dos o tres veces cada día. La palabra *shamá* en el lenguaje hebreo —*shemá* en arameo— significa *escuchar con atención y obedecer* (Strong's H8085). En la cultura judía, "escuchar" y "obedecer"

---

7. Deuteronomio 6:3-5.

son expresadas por una misma palabra: *shamá*. Cada vez que leemos en el Antiguo Testamento un mensaje de parte de Dios a Su pueblo, diciendo "oye" o "escucha", el llamado a la obediencia está incluido allí también. Así que cuando leemos *oye, pues, oh Israel*, por ejemplo, el mensaje expresa *escucha con atención y obedece, oh Israel.*

Entender el concepto de *Shemá* abre una ventana de entendimiento al leer la Biblia. Aunque el Nuevo Testamento fue escrito en el lenguaje griego, podemos ver la influencia del concepto *Shemá*. Recordemos que ese concepto fue central en el crecimiento de todos los hombres inspirados por el Espíritu Santo a escribir la Biblia, pues eran judíos. Desde temprano, los padres de los judíos enseñan lo que es *Shemá*. Con eso en mente, visitemos algunos de los pasajes en el Nuevo Testamento que hablan sobre *oír* o *escuchar.*

1. Santiago 1:22*: "Pero sed hacedores de la palabra, y no solamente oidores, engañándoos a vosotros mismos".*

2. *"El que tiene"* o *"si alguno tiene oídos para oír, oiga"*: Mateo 11:15, Mateo 13:9, Mateo 13:43, Marcos 4:9, Marcos 4:23, Marcos 7:16, Lucas 8:8, Lucas 14:35. En cada uno de estos 8 pasajes bíblicos, Jesús difunde este mensaje a los que le escuchan durante Su ministerio.

3. Más adelante, en Apocalipsis 2:7, 11, 17, 29. Luego en Apocalipsis 3:6, 13, 22 y 13:9, Jesús repite el mismo mensaje ocho veces más; esta vez a Su pueblo.

A través del lente de *Shemá* leemos "el que tenga oídos para oír, escuche con atención y obedezca".

En el mundo de la fe, actuar es importante, obedecer es esencial. Fuera del pueblo de Dios, podemos ver personas en el mundo con una fuerte convicción y certeza que los lleva a la acción, ¡y hacen proezas! Mas solo porque alguien pone su convicción en acción no quiere decir que está operando en la fe y agrada a Dios. Aun los cristianos pueden desarrollar una visión, certeza y convicción, tomar acción, ¡y hacer proezas! Pero el que un cristiano ponga su "fe en acción" no es garantía de que sea de agrado a Dios. ¿Y si estamos construyendo con ladrillos lo que el Señor desea hacer con piedras? La acción es una parte fundamental de la fe, mas no es cualquier tipo de acción. Es acción basada en *escuchar con atención y obedecer la palabra de Dios: Shemá.*

- Muchos se han mudado de un lugar a otro. Abram se mudó obedeciendo la palabra de Dios y ¡boom!, Dios obra en él y su linaje de manera tal que sus descendientes protagonizan la Biblia. *Shemá*: escucha con atención y obedece.

- Muchos se han sumergido en un río. Naamán lo hizo obedeciendo la palabra de Dios para él y ¡boom!, fue sanado de su lepra (2 Reyes: 5). *Shemá*: escucha con atención y obedece.

- Mas para ser salvo hay que escuchar, aceptar y obedecer el plan de Dios. Que Jesús es el camino, la verdad y la vida, y nadie llega al Padre si no es por Él (Juan 14:6). *Shemá.*

Shemá es importante porque la fe que agrada a Dios tiene como epicentro escuchar con atención Su palabra y actuar obedeciendo Su voluntad. Sí, la fe sin obras es muerta (Santiago 2:20); ahora bien, la fe fuera de un marco de obediencia a Dios es vana y peligrosa. Con *shemá* como base, veamos tres áreas o acciones específicas que Dios utiliza para fomentar la transformación en el creyente: *dar, recibir y rendirse.*

Dar

Una de las formas más básicas en que Dios desarrolla la fe del creyente es mediante el *dar*. La Palabra es clara cuando habla sobre el dar. 2 Corintios 9:6-7 dice: *"Pero esto digo: El que siembra escasamente, también segará escasamente; y el que siembra generosamente, generosamente también segará. Cada uno dé como propuso en su corazón: no con tristeza, ni por necesidad, porque Dios ama al dador alegre"*. Dar como Dios nos manda requiere y aumenta nuestra fe; nos hace crecer en la fe que agrada a Dios.

Dar a Dios

En la Biblia vemos múltiples áreas, desde lo intangible hasta lo tangible, donde el creyente da a Dios. El acto de dar a Dios ayuda a moldear nuestro corazón en la obediencia a Él. La adoración y acción de gracias cuentan con su capítulo más adelante. A continuación, algunas áreas tangibles de dar a Dios:

1. Nuestros diezmos:

Desde antes que hubiese la Ley, ya se veía la práctica de dar el diezmo. Abraham le dio el diezmo a "... Melquisedec, rey de Salem y sacerdote del Dios Altísimo..." (Génesis 14:18-20). Nota que en esa época el diezmo se daba a Sus sacerdotes en obediencia a Dios (Números 18:24). ¿Qué es el diezmo? Es el primer diez por ciento de tus ingresos. Digo "el primer 10 %" porque el orden importa. Darlo antes de comenzar a usar el dinero dice "yo confío en que obedeciendo a mi Señor, Quien me da todo, me irá bien; un 90 % en obediencia es mejor que un 100 % lejos de Él". El equivalente a dar los diezmos, en este tiempo, es darlos a tu iglesia, donde te congregas.

2. Nuestras ofrendas:

Aún en los tiempos de Jesús se llevaba la ofrenda al templo. Lucas 21:1-4 relata el contraste que hace Jesús entre la ofrenda de unos ricos "... de lo que les sobra..." y la de una viuda pobre que "... de su pobreza echó todo lo que tenía". ¿Qué es la ofrenda? Es lo que damos a Dios más allá del diezmo. Nota que Jesús no dijo que la diferencia entre las ofrendas era la cantidad. La diferencia era la falta de fe detrás de la ofrenda. Cuando damos de lo que nos sobra, todo lo humanamente necesario ya ha sido cubierto; ahí no hace falta la fe. Cuando damos al principio, en obediencia, la actitud es diferente: *"El mismo Dios que me proveyó esto que puedo dar hoy, es mi fuente; nada me faltará"*. Dar lo que sobra, termina la historia, "fin". Dar en fe, oh, qué diferente. La ofrenda de la viuda decía: *"Si Dios es soberano y poderoso como para yo obedecerle y ofrendarle, igual lo será para cuidarme; nada me faltará"*. En estos tiempos puedes dar ofrendas tanto a tu congregación como a otros ministerios de Dios donde gustes dar. El Señor dice: *"Cada cual de como propuso en su corazón: no con tristeza, ni por necesidad, porque Dios ama al dador alegre"* (2 Corintios 9:7).

Los diezmos y ofrendas son tan importantes para el desarrollo de la fe creyente, que Dios dice en Malaquías 3:7-9 que no hacerlo es robarle. La buena noticia es que Él dice enseguida:

> Traed todos los diezmos al alfolí y haya alimento en mi casa; y probadme en esto, dice Jehová de los ejércitos, si no os abriré las ventanas de los cielos, y derramaré sobre vosotros bendición hasta que sobreabunde. Reprenderé también por vosotros al devorador, y no os destruirá el fruto de la tierra, ni vuestra vid en el campo será estéril, dice Jehová de los ejércitos.[8]

3. Nuestro tiempo:

El Señor quiere de tu tiempo. ¿Por qué? Porque tu tiempo es literalmente tu vida. Cada persona tiene una sola vida. Darle tiempo al Señor es decir "eres lo más importante para mí". Si decimos que queremos estar con Él por la eternidad, demostrémoslo en lo temporero, en el presente. Hay una diferencia entre querer estar con Él por la eternidad y simplemente no querer estar en el infierno. Veamos algunos pasajes bíblicos relacionados al tiempo:

• Jesús a los discípulos: *"Vino luego a sus discípulos, y los halló durmiendo, y dijo a Pedro: ¿Así que no habéis podido velar conmigo una hora?"* (Mateo 26:40).

---

8. Malaquías 3: 10 y 11.

- *"Orad sin cesar"* (1 Tesalonicenses 5:17).

- *"Buscad a Jehová mientras puede ser hallado, llamadle en tanto que está cercano"* (Isaías 55:6).

- *"Acuérdate de tu Creador en los días de tu juventud, antes que vengan los días malos, y lleguen los años de los cuales digas: No tengo en ellos contentamiento"* (Eclesiastés 12:1).

- *"Andad sabiamente para con los de afuera, redimiendo el tiempo"* (Colosenses 4:5).

En este tópico sería fácil pensar que hay que hacer mucho, lo mayor posible, para decir que usamos bien nuestro tiempo. De hecho, muchos de nosotros tal vez hemos actuado así, llenando al tope nuestros calendarios de actividades y pensando que es la forma de "redimir el tiempo". Pero recordemos los tres fundamentos de la fe: relación, acción, transformación. A través de ese lente, glorificar a Dios con nuestro tiempo está basado en *obedecer* lo que Él dice.

- Génesis 2:15 dice que Dios puso al hombre *"en el huerto de Edén, para que lo labrara y lo guardase"*. Labrar incluye preparar la tierra y sembrar para obtener fruto. Guardar implica cuidar para que haya crecimiento a largo plazo.

- Por su parte, Génesis 2:2 afirma: *"Y acabó Dios en el día séptimo la obra que hizo; y reposó el día séptimo de toda la obra que hizo"*.

Basado en estos ejemplos, hay dos áreas centrales con referencia al uso del tiempo: *trabajo* y *reposo*. Dios lo hizo en ese orden, reposó *luego* de terminar la obra de sus manos. El problema de algunos es que reposan sin haber trabajado. Si hacemos eso, ya no es reposo, es otra cosa. En mi país le llaman vagancia; en otros, holgazanería. ¿Cierto o no? Así que descansar es bueno y necesario, *después de trabajar.*

La segunda área, *trabajo,* cuenta con dos elementos que vemos en Génesis 2:15: *labrar* y *guardar.* Ambos tienen que estar presentes para que haya fruto. Si guardamos sin labrar, no hay fruto. Si labramos sin guardar, tampoco. En términos más comunes, podríamos usar los términos *acción* y *protección.* Cuando usamos nuestro tiempo, el Señor no solamente nos pide actuar, hacer, servir; Él también nos pide *guardar* o proteger. Un ejemplo clásico y crítico es el balance entre la familia y el ministerio.

Dios no pide que trabajes tanto en "cosas de Dios" que impliquen sacrificar o dejar de guardar a tu familia. Esto es tan fundamental que en 1 Timoteo 3:4-5 requiere que cada líder en la iglesia "... *gobierne bien su casa, que tenga a sus hijos en sujeción con toda honestidad (pues el que no sabe gobernar su propia casa, ¿cómo cuidará de la iglesia de Dios?)*". *Shemá*, escucha y obedece. Sigue el orden de Dios, enfoca el guardar tu hogar antes de comenzar un ministerio de peso y tiempo significativo en la iglesia. Cuando llegue el momento y ya estés operando en tu ministerio, recuerda que es un mandato de Dios guardar, no tan solo labrar. Pasa tiempo en tu casa, ministra a tu familia con amor, *guárdala.* Sigue el orden de Dios: Dios, familia, ministerio. Primero una relación de amor con Dios, luego fungiendo tu rol en el hogar y, finalmente, con esos fundamentos en orden, *entonces* pídele a Dios que abra puertas para liderar en la iglesia.

Por último, labrar y guardar tienen también una aplicación interna, personal. Cada decisión, cada actividad, no solo toma de nuestro tiempo, sino que también siembra algo en nuestra vida. Nuestra relación con Dios, al igual que cualquier relación, requiere tiempo; también requiere protección. Requiere estar alerta de lo que fomenta o no nuestra relación con Él.

- "*Sobre toda cosa guardada, guarda tu corazón; porque de él mana la vida*" (Proverbios 4:23).

- *"Por tanto guárdate, y guarda tu alma con diligencia, para que no te olvides de las cosas que tus ojos han visto, ni se aparten de tu corazón todos los días de tu vida; antes bien, las enseñarás a tus hijos, y a los hijos de tus hijos"* (Deuteronomio 4:9).

- *"No os engañéis; Dios no puede ser burlado: pues todo lo que el hombre sembrare, eso también segará. Porque el que siembra para su carne, de la carne segará corrupción; mas el que siembra para el Espíritu, del Espíritu segará vida eterna"* (Gálatas 6:7-8).

Honra a Dios con tu tiempo, escuchando Su voz al dirigirte en acción y protección; que tus prioridades reflejen el orden de Dios. Labra, siembra, guarda y cosecharás buen fruto.

Una lección que me inculcó mi mamá fue que siempre, siempre, diera mi diezmo al Señor. Tuve mi primer trabajo a los 12 años, repartiendo diarios. Al llegar el día de recibir mi paga, ¿qué tenía que hacer? Sacar el diezmo. Cuando tenía como 16 años y trabajaba como ayudante en oficina, y la paga era más, recuerdo haber sentido un poco de incomodidad con el diezmo, pero siempre lo di. En realidad, se convirtió en algo obvio para mí, igualmente para mi esposa. Como resultado, el Señor siempre, siempre nos ha provisto todo lo que necesitamos. Adicionalmente, Él nos ha brindado la oportunidad de ayudar a otros y de sembrar ofrendas en iglesias y ministerios. Por favor, no malinterpretes el porqué comparto estos detalles; no es por nuestros méritos, sino por Su obra en nuestras vidas. Comparto esto para que sea una exhortación en la que diezmar y ofrendar te abran las puertas de los cielos para caminar en la provisión de Dios. A continuación, algunos testimonios en mi vida, referente a diezmos y ofrendas.

Diezmos: Hubo un tiempo en que luego de una enseñanza de nuestro pastor acerca del diezmo, decidí duplicarlo, "diezmando" 20 %. De repente en mi trabajo reclasificaron mi posición a un grado más alto, lo cual requería que se aumentara mi sueldo. Cuando me llamaron para darme la noticia, me dijeron: "Es un milagro, te aumentaron 20 %; aquí los jefes nunca hacen eso". ¡Wow!

Años más tarde, ya había "normalizado" mi diezmo, de vuelta al 10%. Dios me bendijo con una promoción. ¿Sabes cuánto fue el aumento? Exactamente, 10 %. Dios me permitía ver una relación directa entre sembrar y cosechar.

Ofrendas: En una ocasión, a uno de nuestros vehículos se le dañó una pieza en el aire acondicionado. No era un arreglo barato y ya el mecánico nos había dado un estimado. No recuerdo si esperábamos por una pieza o si pospuse la reparación por el monto del estimado. Lo que sí recuerdo es que tenía el vehículo en casa cuando se presentó una necesidad en la iglesia donde asistíamos. Sentí en mi corazón el deseo de sembrar esa cantidad, que era para arreglar el auto, como ofrenda. Le dije a Mary y abrió los ojos como si se le fuesen a salir, jajaja, pero no trató de detenerme. Dimos la ofrenda sin saber cómo arreglaríamos el aire acondicionado del vehículo, viviendo en un lugar donde en el verano la temperatura llega a sobrepasar los 100 grados Fahrenheit. Ahí entró Dios en escena y el vehículo se arregló sin que nadie lo tocara. En la película que hace mi mente, Dios tiene ángeles mecánicos: envió a uno de ellos y lo arregló. Solo Dios sabe cómo lo hizo. Lo que yo sé es que nunca tuve que gastar ni un centavo en arreglarle el aire acondicionado a ese auto (el cual ya no tenemos). ¡Aleluya!

Dar a otros

Hechos 20:35 nos dice: *"En todo os he enseñado que, trabajando así, se debe ayudar a los necesitados, y recordar las palabras del Señor Jesús, que dijo: Más bienaventurado es dar que recibir"*. Podemos decir que dar a Dios toca bastante los elementos de *relación* y *acción*. Después de todo, es de esperar que un creyente acepte que Dios es el dueño de todo, que es su proveedor, que es bueno y lo merece. Pero Dios no se detiene ahí, no se conforma con solo darle a Él, por lo que existe otra forma mediante la cual Él estimula nuestra *transformación*: dar a *otros*. ¡¿Cómo?! Dar de lo que hemos recibido de Dios, trabajado, labrado y guardado, *a otros*. ¡Ay! Si hay creyentes a quienes les duele darle a Dios, ¡imagínate darles a otros! Pero en algún momento a todos nos duele tener que dar a otros y es parte de ser moldeados para parecernos más a Él.

Dios dio Su tesoro más preciado: *"Porque de tal manera amó Dios al mundo, que ha dado a su Hijo unigénito, para que todo aquel que en él cree, no se pierda, mas tenga vida eterna"* (Juan 3:16).

Miremos la iglesia original en Hechos 2:44: *"Todos los que habían creído estaban juntos, y tenían en común todas las cosas"*. Más adelante...

> Y la multitud de los que habían creído era de un corazón y un alma; y ninguno decía ser suyo propio nada de lo que poseía, sino que tenían todas las cosas en común. Y con gran poder los apóstoles daban testimonio de la resurrección del Señor Jesús, y abundante gracia era sobre todos ellos. Así que no había entre ellos ningún necesitado; porque todos los que poseían heredades o casas, las vendían, y traían el precio de lo vendido, y lo ponían a los pies de los apóstoles; y se repartía a cada uno según su necesidad.[9]

Había un nivel de hermandad increíble, y nota que esto se menciona exactamente antes de resaltar el gran poder con que los

---

9. Hechos 4:32-35.

apóstoles daban testimonio y la gracia abundante que estaba sobre todos ellos. Al seguir el patrón de Dios, fluye la bendición.

Un ejemplo más de la Palabra, referente a la fe, es un versículo muy conocido, Santiago 2:17, que nos dice: *"Así también la fe, si no tiene obras, es muerta en sí misma"*. Poderoso versículo, ¿verdad? Mas tomemos un momento para examinar los versículos anteriores. Santiago 2:14-16 nos dice:

> Hermanos míos, ¿de qué aprovechará si alguno dice que tiene fe, y no tiene obras? ¿Podrá la fe salvarle? Y si un hermano o una hermana están desnudos, y tienen necesidad del mantenimiento de cada día, y alguno de vosotros les dice: Id en paz, calentaos y saciaos, pero no les dais las cosas que son necesarias para el cuerpo, ¿de qué aprovecha?

¡Dar a otros es tan importante que es el ejemplo que da la Biblia antes de decir que la fe sin obras es muerta!

Existen dos razones básicas por las cuales Dios pondrá en tu corazón el dar a otros:

1. Para suplir la necesidad de otros:

Cuando damos para ayudar al que necesita activamos nuestra fe, sabiendo que *"A Jehová presta el que da al pobre, Y el bien que ha hecho, se lo volverá a pagar"* (Proverbios 19:17). En otras palabras, estoy convencido y tengo la certeza de que Dios, mi fuente, nunca se va a secar. No me apego a lo material, por el contrario, aplico y activo mi fe cuando tengo suficiente o más que suficiente, obedeciendo la voz de Dios dirigiendo mis pasos en cómo, cuánto y a quién dar.

2. Para suplir *tu* necesidad:

Hay ocasiones en que Dios nos pide que demos *en medio de nuestra propia necesidad*. Un ejemplo en la Biblia es la viuda de Sarepta en 1 Reyes 17:8-24. Ella solamente tenía harina para hacer un poco de pan para ella y su hijo —una última cena en un período de gran hambre, sequía y escasez. Sin embargo, las instrucciones de parte de Dios eran dar primero pan al profeta, eso desató el milagro. No se acabaría el aceite y la harina hasta que lloviera nuevamente. Su obediencia al dar a otros desató la provisión de Dios para su necesidad.

Cabe mencionar que hay una dimensión especial de dar que incluye bendecir sin que necesariamente haya una "necesidad" envuelta en el asunto. Cuando miramos el carácter de Dios, Él es el Dios de la bendición que sobreabunda. El salmista dice en el Salmo 23 que Dios adereza la mesa y su copa está rebosando. Cuando caminamos con Dios, Él nos bendice porque nos ama, no solamente cuando tenemos una necesidad fuerte. De manera similar, hay una dimensión de dar a otros que mira a la *persona* y no si hay o no una "necesidad". Veámoslo en la palabra:

> El que recibe a un profeta por cuanto es profeta, recompensa de profeta recibirá; y el que recibe a un justo por cuanto es justo, recompensa de justo recibirá. Y cualquiera que dé a uno de estos pequeñitos un vaso de agua fría solamente, por cuanto es discípulo, de cierto de cierto os digo que no perderá su recompensa.[10]

> El que es enseñado en la palabra, haga partícipe en toda cosa buena al que lo instruye.[11]

> Y respondiendo el Rey, les dirá: De cierto os digo que en cuanto lo hicisteis a uno de estos mis hermanos más pequeños, a mí lo hicisteis.[12]

¿A quién podrías bendecir? ¿Qué pastor, profeta, discípulo o siervo de Dios ha sembrado la Palabra de Dios en tu vida? ¿Cómo podrías bendecirle? Te exhorto a pedirle a Dios que te muestre cómo Él

---

10. Mateo 10:41-42.
11. Gálatas 6:6.
12. Mateo 25:40.

quiere que obedezcas en ese sentido. Activa tu fe, obedece a Dios y serás bendecido por Él.

La fe no es una fórmula, es responder en obediencia. El tema de dar es vasto y más profundo de lo que puedo cubrir en este libro, pero es importante mencionar que no es simplemente dar, sino dar en obediencia a la voz de Dios. Busca la dirección de Dios acerca de dónde sembrar tus dádivas. Relación, acción, transformación —cuando escuches la voz de Dios diciéndote "da", obedece. Nuestra reacción podría ser pensar "esas deben ser locuras mías". Un pastor solía enseñar: "Cuando sientas dar una cantidad que te parezca grande, recuerda que tú no eres tan dadivoso". ¿Y si es la voz del Señor? ¿Y si dar hoy es la clave de tu provisión mañana?

> *"Y todo lo que hacéis, sea de palabra o de hecho, hacedlo todo en el nombre del Señor Jesús, dando Gracias a Dios Padre por medio de él."*

Colosenses 3:17

Dar

En una ocasión, después de un servicio en la iglesia un domingo, llegó muy fuerte a mi mente y corazón la imagen de una familia de la iglesia, así como de una cantidad específica de dinero. Estaba dentro del auto con Mary y le dije lo que sentía. La cantidad no era pequeña y mi esposa en ese momento pensó que yo estaba loco, jajaja; pero yo no podía negar la certeza de lo que había llegado a mi espíritu, así que le dije: "lo siento, pero tenemos que obedecer al Señor". Fui adonde el Pastor y le solicité que le hiciera llegar eso a la familia, pero que no compartiera que nosotros se lo habíamos dado. El domingo siguiente, la madre de esa familia testificó que ellos tenían una necesidad específica de determinada cantidad de dinero para completar su renta, la cual debían cubrir esa semana. Y compartió emocionada la forma en que Dios proveyó la cantidad exacta que necesitaban. En ese momento mi esposa me miró y, luego del culto, se disculpó conmigo y primeramente con Dios. Fue un testimonio para nosotros de que dar requiere nuestra fe y la aumenta. ¡Gloria a Dios! La obediencia desata la provisión y la bendición de Dios.

Recibir

En una ocasión apliqué para una promoción en el lugar donde trabajaba. La oportunidad requería un cambio de rol y que manejara diariamente una hora hasta otra región. En esa ocasión recibí un "no", pues contrataron a un candidato externo. Aunque sentí desaliento, comencé a enfocarme en mantener una actitud positiva y confianza en el Señor. Unos pocos meses después recibí una promoción que yo no había pedido. Y lo mejor, ejerciendo el mismo rol, en mi propia oficina y ¡sin tener que ir diariamente a otra región! Lo que yo había tratado de "conquistar", Dios lo había preparado para que yo lo pudiera "recibir". Hay tiempo de luchar, esforzarse, moverse y conquistar (o manejar una hora). También hay momentos en que simplemente nos toca recibir, recibir del Señor.

Acabamos de repasar lo esencial que es *dar*. Como habrás visto, con mucha razón hay un énfasis en cuanto a su enseñanza se refiere. Sin embargo, el caminar de fe del creyente requiere también el *recibir*. En mi experiencia, en cuanto a predicaciones o enseñanzas sobre el recibir, tienden a verse dos extremos:

• Por un lado, solo se enseña que dar es importante y que hay que hacerlo "*sin esperar nada a cambio*" (Lucas 6:35). En este extremo se vive con miedo a pedir o esperar algo de Dios, pues significaría que se es menos espiritual. El peligro de este extremo es el *conformismo*, donde el creyente deja de soñar y de progresar; donde el creyente no activa su fe, pues no recibe ninguna palabra del Señor que implique *recibir* de Él.

● En el otro extremo, la enseñanza es *"dad y se os dará; medida buena, apretada, remecida y rebosando darán a vuestro regazo; porque con la misma vara con que medís, os volverán a medir"* (Lucas 6:38). En este extremo se han igualado las posesiones materiales con la bendición de Jehová, por lo tanto, se vive enfocando sobremanera a lo que se ve, incluyendo el éxito basado en medidas y números humanos. El peligro de este extremo es que la vida de oración del creyente se torna en una fórmula de adquisición de bienes materiales. Perder la perspectiva eterna por un enfoque distorsionado en lo palpable.

No sé tú, pero en mi caminar yo he experimentado ambos extremos. En el primero, poco a poco te va arropando una actitud fatalista —"que sea lo que Dios quiera". En el segundo, comienza a desarrollarse una actitud humanista —"yo conozco la clave del éxito". ¡En ambos extremos hay un vacío y una insatisfacción tan grande! ¿Por qué? Porque ninguno de esos extremos es la fe que agrada a Dios. Porque en ambos extremos se ha tomado la voz de Dios y se le ha paralizado. Toman a Dios y lo tratan de poner dentro de una caja y, además, se enfocan en lo material. Mas te tengo noticias: Dios nunca estará dentro de ninguna caja —ni de religión, ni de tradición, ni de opinión. ¡Él es soberano! Además, el mismo Dios Espíritu Santo que inspiró Lucas 6:35, también inspiró Lucas 6:38. Por último, la bendición de Dios va mucho más allá de lo material —aunque sí lo incluye. Así que miremos esos versículos como un todo, a través del lente Relación-Acción-Transformación. Al fin y al cabo, la Biblia no se contradice, por el contrario, se complementa:

> Porque si amáis a los que os aman, ¿qué mérito tenéis? Porque también los pecadores aman a los que los aman. Y si hacéis bien a los que os hacen bien, ¿qué mérito tenéis? Porque también los pecadores hacen lo mismo. Y si prestáis a aquellos de quienes esperáis recibir, ¿qué mérito tenéis? Porque los pecadores prestan a los

pecadores, para recibir otro tanto. Amad [ACCIÓN], pues, a vuestros enemigos [TRANSFORMACIÓN], y haced bien, y prestad [ACCIÓN], no esperando de ello nada [TRANSFORMACIÓN]; y será vuestro galardón grande, y seréis hijos del Altísimo [RELACIÓN]; porque Él es benigno para con los ingratos y malos. Sed pues, misericordiosos, como también vuestro Padre [RELACIÓN] es misericordioso. No juzguéis [TRANSFORMACIÓN], y no seréis juzgados; no condenéis [TRANSFORMACIÓN] y no seréis condenados; perdonad [ACCIÓN], y seréis perdonados. Dad [ACCIÓN], y se os dará; medida buena, apretada, remecida y rebosando darán en vuestro regazo; porque con la misma vara que medís, os volverán a medir.[13]

En este pasaje, Jesús resaltaba los puntos fundamentales que hemos repasado sobre la fe:

1. La diferencia que debe existir entre un creyente y un pecador, para ser más como Dios: **transformación.**

2. Más aún, poniendo la responsabilidad en el creyente de fomentar esa diferencia; dando acciones concretas para llevarse a cabo: **acción**.

3. Todo envuelto en una dinámica de ser hijos de nuestro Padre Celestial: **relación**.

El contexto nos dice que no esperemos nada de las personas a quienes amamos y bendecimos. Sin embargo, también menciona que "vuestro galardón será grande". Entonces cabe la pregunta: ¿Quién es la fuente del galardón? Dios es esa fuente, Él es *galardonador de los que le buscan*" (Hebreos 11:6). Nota que antes de recibir esa medida "buena, apretada, remecida y rebosando", el creyente ama a sus enemigos, presta sin esperar nada, es misericordioso como su Padre Celestial, no juzga, no condena y también perdona. *Entonces,* cuando llega el momento de cosechar el resultado es una bendición sobrenatural. ¿De qué

13. Lucas 6:32-38.

valdría recibir muchísimo en esta vida sin ser transformados? La Palabra hace esta pregunta *"Porque, ¿qué aprovechará el hombre si ganare todo el mundo, y perdiere su alma?"* (Mateo 16:26). De igual forma, cuando Dios bendice se nota y es señal para otros de la bondad de Dios hacia Sus hijos. Dice la Palabra: *"Hubiera yo desmayado, si no creyese que veré la bondad de Jehová en la tierra de los vivientes"* (Salmos 27:13). Su bendición incluye lo material, pero es mucho más que lo material. Lo material es añadido a lo espiritual, en ese orden (Mateo 6:33).

En el caminar del creyente hay múltiples cosas que recibir de parte de Dios. A continuación, algunos ejemplos:

1. Su *perdón*: es un regalo de Dios que se recibe a través del arrepentimiento.

2. Su *redención*: otro don de Dios a través del sacrificio de Jesucristo en la cruz.

3. Su *salvación*: confesando con la boca que Jesús es el Señor y creyendo en el corazón que Dios le levantó de los muertos (Romanos 10:9).

4. Su *comisión*: *"Id por todo el mundo y predicad el evangelio..."* (Marcos 16:15).

5. Su *corrección*: *"Porque Jehová al que ama castiga, como el padre al hijo a quien quiere"* (Proverbios 3:12).

6. Su *Palabra*: *"Recibid mi enseñanza, y no plata; y ciencia antes que el oro escogido"* (Proverbios 8:10). *"... recibid con mansedumbre la palabra implantada..."* (Santiago 1:21).

7. Su *Espíritu*: *"Y habiendo dicho esto, sopló, y les dijo: Recibid el Espíritu Santo"* (Juan 20:22).

8. Su *Sanidad*: Jesús se encargó tanto de tus pecados como de tu enfermedad (1 Pedro 2:24).

9. Su *Sabiduría*: "*Y si alguno de vosotros tiene falta de sabiduría, pídala a Dios, el cual da a todos abundantemente y sin reproche, y le será dada*" (Santiago 1:5).

10. Su *Provisión*: "Jehová es mi pastor, nada me faltará" (Salmo 23:1).

11. Su *Protección*: "El ángel de Jehová acampa alrededor de los que le temen y los defiende" (Salmo 34:7).

12. Su *Bendición*: "*Traed todos los diezmos al alfolí y haya alimento en mi casa; y probadme en esto, dice Jehová de los ejércitos, si no os abriré las ventanas de los cielos, y derramaré sobre vosotros bendición hasta que sobreabunde*" (Malaquías 3:10).

Como puedes ver, recibir de parte del Señor es vital para la vida del creyente. Él es nuestra fuente y separados de Él nada podemos hacer (Juan 15:5). El mismo Señor Jesús enseñó que el recibir y el dar están vinculados, son dos caras de la misma verdad bíblica: "*Sanad enfermos, limpiad leprosos, resucitad muertos, echad fuera demonios; de gracia recibisteis, dad de gracia*" (Mateo 10:8). Dar es mejor que recibir cuando interactuamos con nuestro prójimo, pues demuestra el carácter de Dios. Mas nunca podremos dar lo que no hemos recibido. Y hay ocasiones en que no recibimos más porque decimos "no" cuando alguien quiere bendecirnos. Recuerda, según Dios te usa para bendecir a otros, también usa a otros para bendecirte a ti. La fe que agrada a Dios no solo pide y persiste, sino que sabe recibir la respuesta de parte del Señor. Y sabemos que en ocasiones la respuesta de Dios es que hagamos, caminemos, demos o esperemos. Hay otras ocasiones en que el momento de Dios llega para hacer llegar lo que hemos estado esperando. Cuando eso ocurre, es tiempo de *recibir*.

No obstante, también es cierto que no todo lo que se nos ofrece proviene del Señor. A Adán se le ofreció del fruto y aunque le pareció bueno, no era de parte de Dios. De igual forma, obviamente, pueden venir ocasiones donde lo que alguien nos quiere "dar" es en realidad una tentación y no una bendición. Por eso es importante no tan solo *dar* en obediencia, sino *recibir* en obediencia. Pausa antes de recibir y habla con el Señor: "Señor, ¿esto es tuyo?, ¿es para mí en este momento?". Entonces obedece lo que Él ponga en tu corazón que debes hacer.

¿Qué cosas te dice el Señor que es tiempo de recibir? ¿Qué petición está lista para que cambies tu enfoque de pedir o esperar a recibir? Piensa: cuando les ofreces dulces a los niños, ¿ponen una o ambas manos para recibir? Dos, ¿verdad? Recibamos de parte de Dios con esa misma actitud, con la expectativa y la fe de un niño. ¡Recibe de Dios, pues Él se deleita en bendecir a Sus hijos!

Es interesante que casualmente antes de escribir esta sección sobre *recibir de Dios,* atravesé una curiosa prueba. Ocurrió así: como guitarrista desde joven, vender y comprar equipo musical es uno de mis pasatiempos favoritos. Así que después de haber vendido uno de mis pedales de efectos, compré otro modelo para probarlo, hasta allí todo normal. Sin embargo, el almacén de la compañía en lugar de enviar una caja con el equipo envió dos, "Gloria a Dios" —pensé inicialmente—; pero en mi espíritu no sentía paz. Sabía que no era algo que provenía del Señor, por lo que llamé a la compañía y resulta que en mi cuenta no tenían documentación de haber enviado dos cajas. "¿Estás seguro?", me preguntaba el representante. ¡Qué tentación! Al final me dijo que me enviarían un *email* con información para devolverlo, pero el *email* nunca llegó. Recuerda, la música es de mis cosas favoritas. Luego pensé: "Si no llega el *email*, es señal de que Dios me dio esto", ¡ja!, pero tampoco sentía paz. Sabía que era una prueba que tenía que pasar y el Señor me dio fuerzas para devolver el equipo.

Cuando el Señor nos bendice, no cabe duda de que es Él y no se afecta nuestro caminar en el proceso. Recibamos todo lo que Él tiene para nosotros, nada más y nada menos.

Rendirse

Existen unos puntos específicos en nuestro caminar con Dios en los que Él lleva nuestro proceso de transformación a otro nivel. Es en esos momentos donde el creyente tiene dos opciones: resistirse y estancarse en su progreso espiritual o *rendirse y crecer*. A esos momentos se les podría llamar "citas con el alfarero". En Jeremías 18:6 se dice al respecto: *"¿No podré yo hacer de vosotros como este alfarero, oh casa de Israel? Dice Jehová. He aquí que como el barro en la mano del alfarero, así sois vosotros en mi mano, oh casa de Israel"*. Desde el Edén, Dios ha querido hacer al hombre a Su imagen y semejanza (Génesis 1:26), mientras que el hombre se ha resistido. He ahí la importancia de rendirse y no resistirse a la voluntad de Dios. ¡Esto no es fácil y de eso se trata! Miremos dos ejemplos en la Biblia: Jonás y Saulo.

Jonás

En el libro de Jonás vemos cómo una persona puede resistirse a la voluntad de Dios. El libro comienza de inmediato diciendo que "vino palabra de Jehová a Jonás…" (Jonás 1:1). Cuando lees el libro, puedes ver que Jonás conocía la voz de Dios. Él no tenía duda de Quién le había hablado, simplemente *no quería rendir su voluntad* —se resistió. Jonás escuchó, pero en vez de responder en obediencia, decidió huir "de la presencia de Jehová" (Jonás 1:3) —si no has leído la historia, pausa y léela; son cuatro capítulos solamente. El propósito de la misión de Dios para Jonás tenía dos metas:

1. **Tratar con Nínive:** El mensaje de Dios a la ciudad de Nínive era para darles la oportunidad de apartarse de sus malos caminos. Todos, hasta el rey de Nínive, se arrepintieron y Dios no los destruyó. Al Jonás rendirse y alinear su acción al plan de Dios, 120 mil personas tuvieron la oportunidad de tornarse al Señor.

2. **Transformar a Jonás:** Esta historia pinta un cuadro hermoso de Dios como alfarero.

    a. Primeramente, Dios lo fue corrigiendo de diferentes formas. Nota que cuando Jonás estaba en desobediencia, *las circunstancias a su alrededor* le hacían saber que estaba fuera de la voluntad de Dios.

    b. Él aprendió que salirse de la voluntad de Dios nos puede llevar adonde nunca imaginamos llegar, en su caso, ¡dentro de un pez!

    c. Cuando reconoció su error y se arrepintió, Dios le restituyó su misión de profeta y, más importante aún, su comunión con Él. Jonás volvió a escuchar la voz de Dios.

    d. Dios siguió moldeando el carácter de Jonás durante y después del desenlace de Nínive. La historia muestra que Jonás tendía a ser iracundo y con un bajo nivel de misericordia. Mas Dios, como amoroso alfarero, le enseñaba a ser más como Él.

Observa la interacción entre Dios y Jonás en Jonás, capítulo 4, luego de que Dios ve el arrepentimiento de Nínive y decide no destruirlos. Inicialmente, Jonás se enojó y se apesadumbró (v. 1), no estaba de acuerdo con no destruir la ciudad y deseaba la muerte (v. 2-3); entonces, Dios le pregunta: *"¿Haces bien en enojarte tanto?"* (v. 4). Luego, Jonás acampa fuera de la ciudad para ver el desenlace (v. 5). Dios forma una calabacera, específicamente, para darle sombra a Jonás y este se alegra muchísimo (v. 6); al día siguiente, Dios hace que se seque la calabacera y que haga aún más calor, Jonás se pone dramático y desea la muerte por el calor (v. 7-8). Dios trae nuevamente la raíz del problema de carácter de Jonás, el enojo (v. 9). Luego, Dios como un experto maestro cierra con broche de oro la lección en los versos 10 y 11:

> Y dijo Jehová: Tuviste lástima de la calabacera, en la cual no trabajaste, ni tú la hiciste crecer… ¿Y no tendré yo piedad de Nínive… donde hay más de ciento veinte mil personas que no saben discernir entre su mano derecha y su mano izquierda, y muchos animales?[14]

¡Cuán grande es el amor y la misericordia de nuestro Dios! Así termina el libro de Jonás, ¡cualquiera se queda sin palabras!

Saulo

El libro de Hechos, en los capítulos 8 y 9, cuenta la historia de Saulo de Tarso. Saulo era un religioso fariseo, que perseguía despiadadamente a los creyentes. Incluso estaba de acuerdo con que apedrearan a muerte a los cristianos. Él había pedido cartas de los principales sacerdotes para incrementar la persecución de los creyentes en más lugares. Es en el camino hacia Damasco donde el Señor le sale al encuentro. Ese día, al igual que Jonás, escuchó la voz del Señor:

> … Saulo, Saulo ¿por qué me persigues? Él dijo: ¿Quién eres Señor? Y le dijo: Yo soy Jesús, a quien tú persigues; dura cosa te es dar coces contra el aguijón. El, temblando y temeroso, dijo: Señor, ¿qué quieres que yo haga? Y el Señor le dijo: Levántate y entra en la ciudad, y se te dirá lo que debes hacer.[15]

A diferencia de Jonás, Saulo se rindió de inmediato y por completo a la voluntad del Señor. El que perseguía a los cristianos se convertiría en un hombre de Dios con una misión clave para la humanidad: predicar el Evangelio a los gentiles (Hechos 9:15). Esto es muy significativo, pues el mismo celo religioso que le llevaba a perseguir a sus propios hermanos judíos le hubiese impedido mezclarse con gentiles o los no-judíos. El cambio fue nada menos que milagroso y se desató en esa respuesta de

---

14. Jonás 4:10 y 11.
15. Hechos 8 y 9.

rendirse a la voluntad del Señor. Saulo se convirtió en el apóstol Pablo, quien escribiría la mayor parte del Nuevo Testamento. Su obediencia fue clave para que las buenas nuevas llegaran al resto del mundo.

Sí, Pablo experimentó un sinnúmero de victorias, pero también atravesó muchas pruebas y dolor: azotes, naufragio, peligros, amenazas de muerte, fríos, desnudez (2 Corintios 11:25). Así de grande el llamado, así la oposición. Mas el Señor *siempre* le dio la victoria porque Él ya venció, ¡Aleluya! Lo importante es que en ninguna de esas pruebas Pablo se quedó estancado o derrotado. *"Muchas son las aflicciones del justo, pero de todas ellas le librará Jehová"* (Salmos 34:19).

Ambos, Jonás y Pablo, sufrieron dificultades. Uno por resistirse y el otro por rendirse a la voluntad de Dios. Recuerda esto: la presencia o ausencia de dificultades NO es un barómetro de tu caminar de fe.   Nota cómo ambos reconocían el lugar que ocupaban las dificultades en sus vidas. Jonás sabía que, en su caso, estaban ahí por su desobediencia. Por otro lado, Pablo había sido avisado por el Señor de que sufriría por causa de Él (Hechos 9:16). Lejos o cerca del Señor enfrentarás dificultades y tormentas. De nuevo: *relación-acción-transformación.* En tu relación con Dios, puedes escuchar Su voz y rendirte a Su voluntad. Al rendirte no solo obtienes claridad sobre las circunstancias a tu alrededor, sino que también tienes en Él la victoria y vida eterna. La clave está en cumplir el propósito de Dios en tu vida; la victoria está únicamente en el Señor. Separados de Él nada somos. Recuerda, para crecer en la fe que agrada a Dios tendrás que rendirte. ¡Tendrás que ser como el barro en las manos del alfarero!

En resumen:

1. Existe una dimensión de la fe que agrada a Dios, que incluye *escuchar y obedecer.*

2. Dios utiliza diferentes formas para transformarnos, incluyendo *dar, recibir y rendirse.*

3. En esos tres elementos hay dinámicas que incluyen a Dios, a nuestro prójimo y nuestra voluntad.

4. Nuestro Dios desea que crezca el carácter de Cristo en nuestras vidas.

5. El creyente tiene mucho que ver en su propio proceso de transformación a través de su obediencia.

6. Todos los pasos de obediencia conllevan un nivel de sumisión a Su voluntad.

7. Finalmente, cada cierto tiempo Dios toca áreas más profundas en nuestro interior que requieren un nivel mayor de rendirse: morir al "yo".

¡Mudarnos a Carolina del Sur fue tan fácil! Dios abrió una puerta de trabajo y al cabo de unos pocos meses, en el 2001, llegamos aquí desde Puerto Rico, con todos los gastos pagos por la compañía. ¡Todo fluyó en menos de 2 meses entre entrevistas y la mudanza! Mary y yo pensábamos que estaríamos en Carolina del Sur no más de 5 años, pues nunca consideramos ese estado como un lugar para vivir. Por dicha razón, pasamos varios años tratando de mudarnos al estado de la Florida. Fueron muchas las oraciones, intentos, entrevistas y "casi casis". ¡Estuvimos al menos 10 años así! ¿Por qué? Pues porque humanamente tenía sentido: tenemos familia allí, el clima cálido, prevalencia del idioma español, la presencia de iglesias poderosas y, claro, ¡la comida latina! Pero cada puerta que parecía abrirse se cerraba, una y otra vez. La última ocasión en que el Señor cerró la puerta estuve a solo un "sí" en una entrevista de empleo para poder mudarnos. El Señor, una vez más, dijo "no" al escoger ellos otro candidato. Ahí me rendí. "Señor, acepto que Tú me quieres aquí donde estoy y, de la misma forma que me trajiste aquí,

me llevarás a donde Tú quieras, cuando Tú quieras. Muero a mi plan de mudarme a Florida". Afortunadamente no me puso dentro de un pez, como a Jonás. Unos pocos meses después, la iglesia donde asistía en Carolina del Sur necesitaba un líder de alabanza y pude decir "sí" cuando el pastor me pidió servir en esa labor. El Señor sabe todo, pues de habernos mudado no hubiese podido servir allí. Existen casos en los que el próximo paso en el Señor requieren dar, en otras ocasiones requieren recibir, pero en otras requieren rendirse. Toda gloria y honra sean para nuestro Señor y Salvador Jesucristo, amén.

Preguntas de reflexión

1. Cuándo piensas en *Shemá*, ¿se te hace más difícil escuchar u obedecer la voz de Dios? ¿Qué crees que podría estar detrás de esa dificultad?

2. En tu caminar como creyente, ¿cómo ha usado Dios el *dar, recibir y rendirte* para ir transformándote?

3. ¿Recuerdas alguna ocasión en la que Dios no te concedió lo que deseabas y con el tiempo viste que fue lo mejor? ¿Qué aprendiste de esa experiencia?

CAPÍTULO 6

Dimensión 4: La fe que se acerca

Acercaos a Dios, y Él se acercará a vosotros. Pecadores, limpiad las manos; y vosotros los de doble ánimo, purificad vuestros corazones.

Santiago 4:8

Muchos me dirán en aquel día: Señor, Señor, ¿no profetizamos en tu nombre, y en tu nombre echamos fuera demonios, y en tu nombre hicimos muchos milagros? Y entonces les declararé: Nunca os conocí; apartaos de mí, hacedores de maldad.

Mateo 7:22-23

En el capítulo 2 mencionamos que Dios siempre ha querido establecer una *relación* en amor con el hombre, con cada individuo. Esta dimensión de la fe, *acercarse,* tiene que ver con corresponder a ese deseo; tiene mucho que ver con el elemento *relación.* La fe que se acerca va más allá de la obediencia, esforzándose en *conocer* y *amar* a Dios, más y más, hasta el día en que estemos ante Su Presencia. Mientras estemos en este mundo no habrá nada más importante que acercarnos a Dios.

Para acercarse a Dios es necesario activar nuestra fe. Esto ya lo planteamos en el Capítulo 2 y vimos cómo Dios se deleita cuando el ser humano camina con Él. En el Capítulo 3 vimos, en Lucas 17:12-14, a diez leprosos que tuvieron la fe que pide y clama, y fueron sanados. Si continuamos leyendo, los versículos 15 y 16 cuentan: *"Entonces uno de ellos, viendo que había sido sanado, volvió, glorificando a Dios a gran voz, y se postró rostro en tierra a sus pies, dándole gracias; y este era samaritano".*

En ese grupo de leprosos, todos ellos activaron su fe para pedir. Luego, todos activaron su fe para obedecer y dar pasos. Su acción de fe en obediencia a la voz del Señor dio como resultado un milagro, ¡en todos! Sin embargo, solamente uno de ellos activó su fe para acercarse al Señor. ¡Qué triste! Aún más triste es que eso describe a muchos creyentes. Puedo recordar etapas de mi vida en las que me describiría a mí; tiempos donde estuve tratando de usar mi fe para recibir de Dios, pero no para acercarme a Él. Quizás leyendo esto sientes que el Espíritu Santo te está diciendo: *"Acércate a Mí".* El salmista decía: *"... En Tu presencia hay plenitud de gozo; Delicias a Tu diestra para siempre"* (Salmo 16:11).

ACERCARSE EN FE

Cabe mencionar que hay una diferencia marcada entre acercarse al Señor con religión y acercarse en fe. El capítulo 8 de Lucas y el capítulo 5 de Marcos cuentan la historia de una mujer que llevaba 12 años padeciendo de "flujo de sangre".

La mujer con flujo de sangre

"Cuando oyó hablar de Jesús, vino por detrás entre la multitud, y tocó su manto. Porque decía: Si tocare tan solamente su manto, seré salva" (Marcos 5:27-28).

El pasaje en Marcos cuenta que ella había gastado todo lo que tenía en médicos, pero aun haciendo eso empeoró; sin embargo, había algo que todavía tenía: su fe. Esa mujer decidió activar su fe para *acercarse*. Y no tan solo acercarse, sino *¡acercarse hasta tocarle!* Ella tenía la convicción de que si lograba acercarse lo suficiente y tocaba Su manto, sería *salva*. Cuenta el relato que la multitud apretaba a Jesús, muchos estaban "cerca" de Él, mas ella se *acercó en fe*. Es como si hubiese decidido "si voy a creer en alguien, voy a creer en Jesús". Ella recibió su milagro, y mucho más. Y es que en esta historia hay más que un milagro de sanidad. Indaguemos un poco más…

Los versos 30 al 32, de Marcos 5, explican que Jesús sintió el poder que salió de Él y quería saber quién le había tocado. Luego el verso 33 dice: *"Entonces la mujer, temiendo y temblando, sabiendo lo que en ella había sido hecho, vino y se postró delante de Él, y le dijo toda la verdad"*. ¿Por qué estaba ella "temiendo y temblando"? Pienso que, al menos en parte, ella temía y temblaba por lo que decía la Ley sobre ella en su situación.

Levítico 15 explica, en gran detalle, que alguien con "flujo" es inmundo. El verso 11 incluso dice que todo aquel a quien tocare el que tiene flujo será "inmundo". La Ley explicaba cómo lidiar con eso, incluyendo sacrificios, etcétera. Lo central en este caso es que esa mujer llevaba doce años sin que su flujo se detuviese, por lo cual la Ley no la podía ayudar. Todo lo que la Ley ordenaba para lidiar con esa "inmundicia" requería que se detuviese el flujo primero. ¡Doce años atada, enferma y considerada inmunda por todos a su alrededor! Los médicos y la ciencia tampoco pudieron ayudarla, ¡se puso peor! Igual se hizo paso a través de la multitud. ¿A cuántos habrá tocado —o empujado— para llegar al maestro? Ese acto no es tan solo un ejemplo de perseverancia y persistencia. Sí, es cierto que ella no permitió que nadie se interpusiera entre ella y el Señor, pero recuerda que en su condición de flujo, ante la Ley, todos los que ella tocara serían "inmundos hasta la noche" y tenían que cumplir con instrucciones específicas, de acuerdo a Levítico 15. Oh, pero ella no se detuvo ahí, ¡llegó y tocó al Maestro! ¿Ahora entiendes por qué temió y tembló esa mujer? Ella se encontraba en un momento decisivo. ¿Qué haría Jesús, este Rabí de quien todos sabían que conocía la Ley como la palma de Su mano? Yo no sé cuál era el castigo de acuerdo con la Ley por "contaminar", a sabiendas, a un sinnúmero de personas, incluyendo a alguien visto al menos como un "profeta" por el pueblo, a lo más el Mesías. Me imagino que el castigo pudiese haber incluido la muerte y esto era suficiente para hacer temer y temblar a cualquiera.

Mas Jesucristo no se enfocó en la Ley, sino en la fe de la mujer, diciéndole: *"Hija, tu fe te ha hecho salva; ve en paz, y queda sana de tu azote"* (Marcos 5: 34). La palabra "salva" aquí es "sózo", que significa sanar, salvar, preservar, completar (Strong's G4982). Pablo, en Romanos, enseña que no se puede ser salvos por la fe y por la Ley al mismo tiempo. O tenemos una o la otra. Esta mujer, al activar su fe para acercarse a Jesús tuvo que abandonar su dependencia en las obras de la Ley. Asimismo, la fe que se acerca no se basa en la Ley ni en nuestra justicia, sino que se entrega completamente a la bondad y justicia en Cristo Jesús.

La mujer con flujo de sangre tocó en fe el manto del Señor en su estado de inmundicia y no fue la misma desde entonces. ¡Todo cambió! Ella estaba en medio de la multitud, sin embargo, su experiencia fue muy diferente a la de ellos. ¡El Señor le sanó, libertó y salvó! No hay ninguna inmundicia que pueda resistir la Presencia de Dios. ¿Y sabes algo más? Su audacia impactó a otros. Observa cómo termina el capítulo 6 de Marcos, en el versículo 56: *"Y dondequiera que entraba, en aldeas, ciudades o campos, ponían en las calles a los enfermos, y le rogaban que les dejase tocar siquiera el borde de su manto; y todos los que le tocaban quedaban sanos"*. Activando su fe en Cristo proveyó un punto de referencia que otros pudieron seguir para recibir salvación, sanidad y bendición de parte de Dios.

¿Cuántas personas podrían seguir *tu* ejemplo, si te acercas a Jesús? Acércate tal como estás. Aunque tu condición te haya atado por años, acércate a Él en fe, sabiendo que con solo tocar Su manto serás sanado, libertado y salvado. Viendo Su obra en ti otros querrán acercarse a Él también.

ACERCÁNDOSE A DIOS

No hay nada que podamos lograr, hacer o adquirir, que se compare con el toque, el abrazo, de nuestro Señor. ¿Pero qué significa acercarse? Una forma de verlo es a través de los diferentes tipos de relaciones entre el hombre y Dios, descritos en la Biblia: *enemigo, esclavo, siervo, amigo e hijo.*

1. **Enemigo de Dios**

Santiago 4:4: "*¡Oh almas adúlteras! ¿No sabéis que la amistad del mundo es enemistad contra Dios? Cualquiera, pues, que quiera ser amigo del mundo, se constituye enemigo de Dios*". Así que hay un nivel de "cercanía" —o más bien, lejanía— que es descrito en la Palabra como enemistad contra Dios. Hay muchas personas en el mundo que viven como enemigos de Dios porque no han recibido el regalo de la salvación, que solamente proviene de nuestro Señor Jesucristo. Pero hay creyentes con "almas adúlteras" acercándose al mundo y, por consiguiente, alejándose de Dios.

Y he aquí la ineludible realidad: **cada paso acercándonos a Dios nos alejará del mundo** y cada paso acercándonos al mundo nos alejará de Dios. Gracias al Señor, que murió por nosotros cuando todavía éramos pecadores (Romanos 5:6-8). Aceptar a Jesús como Salvador y Señor es el paso más importante para acercarnos a Dios, pues fuera de Él nadie llega al Padre (Juan 14:6).

La característica principal de un enemigo de Dios es la rebeldía contra Dios y Sus preceptos.

2. Esclavo del pecado

En Juan 8:34, Jesús enseña que *"... todo aquel que hace pecado, esclavo es del pecado"*. Vivir en pecado es vivir en esclavitud. El pecado roba la voluntad de hacer lo bueno al que lo practica. Lo que comienza como un juego luego crece y toma el control, esclavizando al hombre. 2 Pedro 2:19 dice: *"... el que es vencido por alguno es hecho esclavo del que lo venció"*. ¡Mas hay esperanza en Cristo!: *"... si el Hijo os libertare, seréis verdaderamente libres"* (Juan 8:36). Estar lejos de Dios no solo nos hace enemigos de Él, sino esclavos del pecado.

Los próximos 3 tipos de relación del hombre con Dios describen diferentes dinámicas del caminar con Él. Pido al Señor que me ayude a plasmar estos puntos de una forma que te permita internalizar estas verdades bíblicas. Pienso que esta dimensión de la fe, *acercarse*, es la más importante o esencial. ¿Por qué? Porque va ligada al factor *relación*. Acercarse a Dios implica conocerle y amarle más.

Es imposible conocerle y amarle más sin que eso impacte nuestra visión y perspectiva. De igual forma, nuestra mente tiene que ser renovada en Cristo para poder relacionarnos con Él como Él desea. Veámoslo a través de la Biblia.

3. Esclavo de Jesucristo

1 Corintios 7:2 nos dice que: *"... el que fue llamado siendo libre, esclavo es de Cristo"*. Los creyentes venimos a ser esclavos de Cristo porque rendimos nuestra voluntad a Él. ¿De qué vale activar tu fe para obtener "cosas", si todavía hay áreas en tu vida esclavizadas por el pecado? Jesús es Señor, Salvador y Libertador. No te quedes estancado. ¡Activa tu fe pidiendo al Hijo de Dios que te liberte de ese pecado hoy!

4. Siervo

¡Oh, qué gran impacto han tenido en la historia de la humanidad los siervos de Jehová! Moisés, Abraham, David,

Isaías, Pedro, Santiago y Pablo, son algunos de los hombres llamados "siervos" de Dios en la Biblia. En los tiempos bíblicos, los esclavos eran "siervos de siervos", pero ambos dependían de la bondad de su señor; al igual que la voluntad de su señor determinaba sus prioridades y acciones. Jesús nos da el mejor ejemplo de obediencia a la voluntad de Dios; Él dijo que: *"... no vino para ser servido, sino para servir, y para dar su vida en rescate por muchos"* (Mateo 20:28 y Marcos 10:45). Jesús también se refirió a los suyos como "siervos". En la parábola de los talentos, Jesús vincula el ser buenos siervos con ser obedientes a su señor, y el ser siervos malos con ser desobedientes. Relacionarnos a Dios como "siervos" es crucial en el caminar del creyente; sin embargo, nuestra relación con Dios puede crecer o expandirse aún más.

5. **Amigo**

Antes de Jesucristo, bajo el antiguo pacto, Abraham fue conocido como "amigo de Dios" (Santiago 2:23). Luego de Abraham, Moisés: *"Y hablaba Jehová a Moisés cara a cara, como habla cualquiera a su compañero..."* (Éxodo 33:11). La palabra original para "compañero" es *réa,* que también significa "amigo" (Strong's H7453). No recuerdo otra persona, fuera de estos, antes de Cristo, que haya sido llamado *amigo* de Dios. Curiosamente, Dios hizo el pacto con Abraham, que trajo al pueblo de Israel al mundo, luego reveló Su Ley a través de Moisés. Cuatro mil años, dos *amigos*. Así podemos ver lo especial que es ser llamado "amigo de Dios". Con esto en mente, imagina el momento en que Jesús mira a sus discípulos y les dice:

> Vosotros sois mis amigos, si hacéis lo que yo os mando. Ya no os llamaré siervos, porque el siervo no sabe lo que hace su señor; pero os he llamado amigos, porque todas las cosas que oí de mi Padre, os las he dado a conocer.[16]

---

16. Juan 15:14-15.

Piensa en esto, en que miles de años antes un puñado de hombres fue conocido como "amigos de Dios". Llega Jesús, Emmanuel, Dios con nosotros y ¡boom!: ¡más de diez discípulos son llamados amigos por Él! En Cristo, haciendo lo que Él nos manda, nuestra relación con Dios puede ir más allá del servicio —puede ser disfrutada por Dios y por nosotros como una relación de amigos—, aunque el plan de Dios aún abarca más…

6. Hijo

En la antigüedad hubo bastantes siervos y un par de amigos de Dios. Todos estos hicieron proezas caminando con Él. Sin embargo, cuando llegó Jesucristo al mundo, la Biblia le llama el "Hijo unigénito" de Dios (Juan 3:16). Este suceso terminó rasgando el velo, la división entre el lugar santo y el lugar santísimo del templo judío, en dos. Y no tan solo el velo, sino literalmente la historia de la humanidad —¡antes y después de Cristo!. Dice la Biblia: *"Así que, si el Hijo os libertare, seréis verdaderamente libres"* (Juan 8:36). El Hijo tenía que libertarnos del pecado, la enfermedad, la pobreza y la muerte; toda la maldición que trajo la caída del hombre en Edén. ¡Pero nuestro Dios es maravilloso! A través de la muerte y resurrección de Jesucristo, Dios completó su plan maestro: perdón, redención, restauración y, escucha esto: ADOPCIÓN. Sí, así como lo oyes; a Dios le plació no solamente que Jesús pagara el precio de nuestra paz con Él y nuestra sanidad (Isaías 53:5), sino que fuésemos adoptados como hijos e hijas de Dios. ¡Somos parte de *la familia de Dios*!

"Pues no habéis recibido el espíritu de esclavitud para estar otra vez en temor, sino que habéis recibido el Espíritu de adopción, por el cual clamamos: ¡Abba, Padre!" (Romanos 8:15).

"Y por cuanto sois hijos, Dios envió a vuestros corazones el Espíritu de Su Hijo, el cual clama: ¡Abba, Padre!" (Gálatas 4:6).

¿Te puedes imaginar algo tan grande? Solamente el perdón y la redención eran más que suficiente. El poder ser amigos de Dios ya era tan inmerecido, pero Él desbordó Su amor hasta lo máximo: *nos adoptó*.

"Mirad cuál amor nos ha dado el Padre, para que seamos llamados hijos de Dios..." (1 Juan 3:1).

"El Espíritu mismo da testimonio a nuestro espíritu, de que somos hijos de Dios. Y si hijos, también herederos; herederos de Dios y coherederos con Cristo, si es que padecemos juntamente con Él, para que juntamente con Él seamos glorificados" (Romanos 8:16-17).

"Jesús le dijo: No me toques, porque aún no he subido a mi Padre; mas ve a mis hermanos, y diles: Subo a mi Padre y a vuestro Padre, a mi Dios y a vuestro Dios" (Juan 20:17).

Después de Su muerte y resurrección, Jesús declara a los suyos: "Mi Papá es tu Papá, Mi Dios es tu Dios". Y es con esa revelación que ellos esperaron al Espíritu Santo. Es con esa relación establecida que fueron revestidos de poder de lo alto, llenos del Espíritu y el fuego de Dios. Sin la obra redentora de Jesucristo no habría adopción. Al ser adoptados, nuestra posición cambia radicalmente al igual que nuestra responsabilidad. La fe no es una llave para tener los beneficios del Reino de Dios sin las responsabilidades que eso conlleva. Vemos cómo la Palabra nos dice tanto acerca de padecer como de ser glorificados (Romanos 8:17), mas Jesús ya venció y, aunque venga oposición, ¡mayor es nuestra adopción! Somos hijos y tenemos que crecer en esa verdad, cueste lo que cueste. Es así como cambiará el curso de nuestra historia.

La religiosidad, el enemigo, el mundo y la carne van a tratar de que no camines como hijo o hija de Dios, pero el Espíritu Santo continuamente nos recuerda que lo somos. El propósito pleno de Dios en tu vida solo se desata cuando caminas como un hijo de Dios. Activa tu fe para acercarte a Dios como hijo; no solo eres Su hijo, sino que Él es tu Padre. Activa tu fe para crecer en esa certeza tan preciosa. No importa cómo se vea tu situación, no eres huérfano, tienes a tu Papá en el cielo. Y eso cambia TODO.

¿Cómo está tu relación con Dios? ¿Acaso eres todavía Su enemigo o esclavo del pecado? ¿Solo te puedes acercar a Él como siervo o esclavo? Activa tu fe pidiéndole al Padre, en el nombre de Jesucristo, que te toque con Su Espíritu y encienda Su fuego en ti. Permítele que renueve tu entendimiento en esta área. Si has recibido a Cristo como tu Señor y Salvador, eres hijo de Dios. ¡Créelo!

Dios es infinito, inescrutable y maravilloso. Él es amor. Cuando una persona acepta a Jesucristo como Señor y Salvador, la realidad de todo lo que obtuvo Jesús por Su muerte y resurrección es para ese nuevo creyente. Sin embargo, caminar en la plenitud de esa verdad toma un proceso de crecimiento, renovación y *transformación por medio de Cristo*. Pablo aborda este tópico en Gálatas; el verso 1 dice:

> … Entre tanto que el heredero es niño, en nada difiere del esclavo, aunque es señor de todo; sino que está bajo tutores y curadores hasta el tiempo señalado por el padre. Así también nosotros, cuando éramos niños, estábamos en esclavitud bajo los rudimentos del mundo. Pero cuando vino el cumplimiento del tiempo, Dios envió a su Hijo…[17]

Luego explica que Su redención es para que fuésemos adoptados como hijos, ¡Gloria a Dios! El verso 7 termina diciendo *"Así que ya no eres esclavo, sino hijo; y si hijo, también heredero de Dios por medio de Cristo"*.

Y he aquí el detalle, lo que *eres* vs. lo que *vives* depende de 3 cosas:

1. **Tu crecimiento**: El niño tiene que crecer para llegar a vivir como heredero y no como esclavo (Gálatas 4). *"Os di a beber leche, y no vianda; porque aún no erais*

---

17. Gálatas 4:1-7.

capaces, ni sois capaces todavía" (1 Corintios 3:2). Un amigo pastor refuerza esto: "Hay que madurar, hermanos", y es muy cierto; en el caminar del creyente hay que crecer para triunfar; hay que graduarse de leche a vianda. De leer la Biblia una vez a la semana a todos los días; de orar 15 minutos a orar una hora y más; de no ayunar, a ayunar; de la timidez al denuedo; ¡de la tibieza al fuego! No se desatará la herencia sin el crecimiento.

2. **Tu pensamiento**: El enemigo y tu carne van a tratar de mantenerte lejos de Dios, primeramente, tentándote a pecar. Y si eso no funciona, entonces tratan de traer culpa por pecados pasados que ya dejaste en la cruz. Si aceptamos patrones de pensamiento contrarios a la Palabra de Dios, la realidad de nuestra herencia se nos escapa. Un heredero que piensa como esclavo actuará como tal: el hombre es como piensa (Proverbios 23:7). Por eso "*No os conforméis a este siglo, sino transformaos por medio de la renovación de vuestro entendimiento, para que comprobéis cual sea la buena voluntad de Dios, agradable y perfecta*" (Romanos 12:2).

3. **Tu fe**: Crecer es importante, al igual que cambiar nuestros patrones de pensamiento. Sin embargo, el ingrediente final que sellará esta ecuación y logrará catapultar nuestro caminar con el Señor es: ¡Creer! En el Reino de Dios, la diferencia entre conocer sobre algo y experimentarlo es el creerlo. Cuando leemos los milagros de Jesús muchas veces se identifica la fuente de la fe presente en ese milagro; por ejemplo, en el milagro con los dos ciegos, Jesús les preguntó: "*¿Creéis que puedo hacer esto? Ellos dijeron: Sí, Señor*" (Mateo 9:28). Ellos habían seguido a Jesús porque sabían que Él había sanado ciegos o quizás porque habían oído que Él hacía milagros. Pero Jesús, al preguntarles, estaba implicando algo poderoso: *¿Crees que lo puedo hacer en y para ti?* He escuchado al pastor y evangelista Jonathan Shuttlesworth enseñarlo de esta manera: "Lo que Dios hace por uno, lo hace por

cualquiera, porque Él no hace acepción de personas". Así que desde el primer día de nuestra salvación hemos sido adoptados en la "familia de Dios" (Efesios 2:19). Esa realidad es para ti y contiene la plenitud de tu herencia. Contiene la capacidad plena de caminar en tu destino, preparado para ti por nuestro Dios. Dice la Palabra que *"porque el anhelo ardiente de la creación es el aguardar la manifestación de los hijos de Dios"* (Romanos 8:19). No te conformes con ser "cristiano", pues hay mucho más que una religión disponible para ti. El Padre anhela que te relaciones con Él como hijo. Para eso vino Jesús al mundo. ¿Lo crees?

"Mas a todos los que le recibieron, a los que creen en Su nombre, les dio potestad de ser hechos hijos de Dios" (Juan 1:12).

La figura 2 representa el proceso de renovación de la mente después de la salvación. Este es un proceso compuesto. Por ejemplo, no dejamos de ser esclavos de Cristo en sumisión, mas como siervos recibimos una claridad en cuanto a misión y propósito. Continuando ese proceso de crecimiento y cercanía, llega el momento en que nuestra interacción con Dios va a otro nivel: amistad. Esto sin dejar de ser sumisos y sin perder el enfoque en nuestro propósito. Así continúa el Espíritu Santo obrando y renovando nuestro entendimiento, hasta el punto en que la realidad de que hemos sido adoptados, hechos *hijos de Dios*, deja de ser una idea para convertirse en una realidad en nuestra mente.

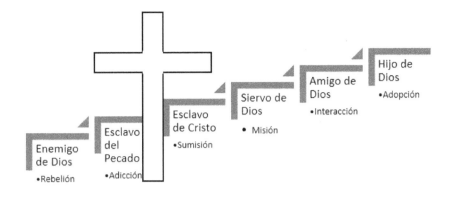

**Fig. 2. Proceso de renovación de la
mente después de la salvación**

"Elmer, ¿estás orando?" —me preguntó mi mamá cuando tenía como 12 o 13 años. "¿Eh?", expresé yo. "No te veo orando" —me respondió. "Yo oro...", dije, no comprendiendo la magnitud de la pregunta ni lo que implicaba: si me estaba acercando a Dios. Años antes me había regalado un llavero con las siguientes palabras escritas en él: "*La oración cambia las cosas. '¿Oraste hoy?'*". Pero ya el niño que antes predicaba iba creciendo más, orando menos, y predicando, nada. Se acercaba la transición en que mi vida personal de oración sería más importante para mí que las oraciones de mamá. Al crecer, llega el momento en que las oraciones de mamá ayudan —o las de papá, para los que sus papás son creyentes—, pero no pueden suplantar la carencia de una vida de oración personal. En mi caso, mientras llegaba a la adolescencia no enfoqué el acercarme más a Dios como debí haberlo hecho. Ejemplo tuve: mi mamá se despertaba a orar muy temprano en la madrugada. Tengo memorias desde pequeño, escuchándola orar en su cuarto.

El tiempo pasó. Yo amaba a Dios, pero no me estaba acercando. Entonces a mis catorce años llegó una tormenta a nuestra familia: papá, no creyente, decidió abandonar el hogar. Mis sentimientos recibieron un golpe muy fuerte. El enemigo aprovechó la oportunidad y mi carencia de una vida de oración sólida progresó a tentación y, luego, a pecado. Por años viví entre mi amor a Dios y mi incapacidad de ser completamente libre por mis propias fuerzas. Patrones cíclicos de conducta comenzaron y continuaron hasta que El Señor, por Su misericordia, me libertó y restauró. Pero tuve que decidirme a tocar Su manto, como aquella mujer que mencionamos páginas atrás, aunque todo decía que yo era inmundo. Al aceptar que en mis fuerzas no podría ser libre, en fe recibí Su libertad y Sus fuerzas para ser restaurado.

Hoy, por la gracia de Dios, mi vida de oración es diferente a la que tuve en mi adolescencia y necesita seguir creciendo hasta que Él vuelva por Su pueblo. Los pecados que me ataban son solo un recuerdo ya limpiado por la sangre de Cristo. A mí me toca obedecer lo que el Señor dijo: "Orad sin cesar para que no entréis en tentación". Anhelo caminar más con Él; sé que no merezco nada y que sin Él nada soy y nada puedo hacer. Hoy puedo decir que al acercarme y tocar Su manto Él me sanó, me libertó y me salvó.

No digo que lo he alcanzado. Como decía Pablo, me queda mucho por crecer y aprender en Él, pero algo sé, algo he experimentado: no hay nada más importante que usar mi fe para acercarme a Jesús, pues nadie llega al Padre sino por Él.

Preguntas de reflexión

1. ¿Dónde te dice tu mente que estás cuando ves la figura 2? ¿Dónde dice la Biblia que estás, si has recibido a Jesús como Señor y Salvador?

2. ¿Qué mentiras o barreras tratan de impedir que te acerques más a Dios?

3. ¿Qué estás dispuesto a hacer para caminar como un hijo de Dios y cumplir tu misión?

CAPÍTULO 7

Dimensión 5: La fe que agradece y adora

Entrad por Sus puertas con acción de gracias, Por Sus atrios con alabanza; Alabadle, bendecid Su nombre.

Salmo 100:4

Entonces uno de ellos, viendo que había sido sanado, volvió, glorificando a Dios a gran voz, y se postró en tierra a Sus pies, dándole gracias; y este era samaritano.

Lucas 17:15-16

La acción de gracias y la alabanza

En el capítulo anterior nos enfocamos en la importancia de activar nuestra fe para acercarnos a Dios. En este capítulo nos enfocaremos en dos factores clave, relacionados con acercarse a Él: la acción de gracias y la alabanza. Salmos 100:4 dice: "... *entrad por Sus puertas con acción de gracias, por Sus atrios con alabanza*". Este salmo nos manda a ser intencionales cuando nos acercamos a Su Presencia. Nos deja saber que es necesario estar conscientes del lugar al que estamos entrando y a Quién nos estamos acercando.

Cuando visitamos a un amigo o familiar a su casa, antes de entrar tocamos la puerta. Luego esperamos a que nos abran y nos dejen entrar. Por supuesto, el dueño decide quién entra y quién no a su casa. De igual forma, Dios es Soberano y decide quién entra y quién no a Su presencia. Dios, que es perfecto y santo, podría dejarnos afuera, pues en nosotros no hay forma de igualar Su santidad. Sin embargo, Su amor es tan grande que ha hecho un camino para llegar a Él: Jesucristo.

Jesús dijo en Juan 6:37: "*Todo lo que el Padre me da, vendrá a mí; y al que a mí viene, no le echo fuera*". En otras palabras, si tocas a la puerta de Jesús en oración, ¡Él la abrirá y te dejará entrar! Y es en ese momento, mientras entras por Su puerta hacia Su presencia, que Él espera que tu corazón explote en acción de gracias y adoración. ¿Por qué? Porque, aunque la salvación es un regalo de Dios para todo aquel que recibe a Jesús, a Dios le costó todo. El tesoro más preciado del cielo, el unigénito Hijo de Dios, fue dado en rescate por tu vida. A Jesús le costó padecer la peor muerte, en la cruz, sin merecerlo. La magnitud de ese sacrificio es tal que nuestra mente no la puede comprender. Sin embargo, a través de la fe, en nuestro espíritu sí podemos captar destellos del gran amor de nuestro Dios y Padre para nosotros.

Por lo tanto, activa tu fe para acercarte a Dios con acción de gracias y alabanza. La Palabra nos da diferentes razones para estar agradecidos con Dios y alabarle. Exploremos tres de ellas:

1. **Dios es misericordioso:** "*Alabad a Jehová, porque Él es bueno; porque para siempre es su misericordia*" (Salmos 118:1). ¿Sabías que el libro de los Salmos expresa "para siempre es Su misericordia" más de 30 veces?

2. **Dios es bueno:** "*Ciertamente es bueno Dios para con Israel, para con los limpios de corazón*" (Salmos 73:1).

3. **Dios te ama:** "*Jehová se manifestó a mí hace ya mucho tiempo, diciendo: Con amor eterno te he amado; por tanto, te prolongué mi misericordia*" (Jeremías 31:3).

Tal vez te preguntes: ¿Qué tiene que ver la acción de gracias y la alabanza con la fe que agrada a Dios? ¡Muchísimo! Primeramente, mantener esas verdades presentes en nuestro interior tiene el poder de catapultar nuestras vidas, tanto en lo espiritual como en lo terrenal. No me refiero a una actitud religiosa, repitiendo palabras —como dicen en Puerto Rico: "Como el papagayo"—, sino con intencionalidad, meditando esas verdades de la Palabra; permitiendo que *Su* Espíritu las establezca en *tu* espíritu.

¿Recuerdas el leproso que fue el único del grupo que regresó a agradecer y adorar a Jesús, luego de haber sido sanado? ¡Jesús le preguntó dónde estaba el resto de ellos! Una fe que solo sabe pedir y recibir es una fe incompleta. La fe no se trata solamente de recibir lo que *tú* necesitas, sino también de darle a Dios lo que *Él* merece: agradecimiento por lo que ha hecho y adoración por quien Él es.

Examinemos esas tres verdades nuevamente y, esta vez, pide al Espíritu Santo que toque tu interior para recibirlas en tu espíritu.

- **Dios es misericordioso**

Recuerdo un pastor que enseñaba que misericordia es cuando Dios no nos da el castigo que merecemos. Si Dios no fuese misericordioso, la raza humana hubiese terminado en el huerto del Edén. El capítulo 3 de Génesis describe la caída y la manera en que Dios lidia con esta. La serpiente, muy probablemente, pensó que había ganado cuando Adán y Eva desobedecieron al Señor. Imagino que esperaba con ansias el momento en que Dios cumpliese Su palabra, resultando en la muerte del hombre y la mujer; debe haber contado con que sería una muerte inmediata. Oh, pero no contó con que Dios es misericordioso. Sí, sabemos que entró la muerte a la humanidad, mas no fulminó a Adán y Eva inmediatamente. ¿Por qué? ¡Por la misericordia de Dios! Claro, tampoco quedaron impunes; a su tiempo murieron, pues Dios es también *veraz* y *justo*. Puedes leer ese capítulo y ver las penalidades propinadas por Dios al hombre, la mujer y la serpiente a consecuencia de sus actos. Mas cabe la pregunta: ¿Cómo pudo Dios ser justo *y* misericordioso con ellos al mismo tiempo? Ellos merecían la muerte inmediata, no obstante, veamos lo que hizo el Señor en Su misericordia:

"Y Jehová Dios hizo al hombre y a su mujer túnicas de pieles, y los vistió" (Génesis 3:21).

Esas pieles le costaron la vida a uno o varios animales. Inocentes pagaron el precio por los culpables, para que los culpables no recibiesen el castigo que merecían. Dios proveyó una manera temporal que culminaría, milenios después, con el sacrificio de Jesucristo. El inocente pagó el precio por los culpables, para que nosotros los culpables no recibiésemos el castigo que merecíamos:

> Porque de tal manera amó Dios al mundo, que ha dado a su Hijo unigénito, para que todo aquel que en él cree, no se pierda, mas tenga vida eterna. Porque no envió Dios a su Hijo al mundo para condenar al mundo, sino para que el mundo sea salvo por él.[18]

> Por la misericordia de Jehová no hemos sido consumidos, porque nunca decayeron sus misericordias.[19]

---

18. Juan 3:16-17.
19. Lamentaciones 3:22.

Porque el Hijo del Hombre no vino para ser servido, sino para servir, y para dar su vida en rescate por muchos.[20]

Cuando sientas que flaquea tu fe para acercarte a Dios, *recuerda que Él es misericordioso contigo*. Sí, Jesucristo es tu Señor y Salvador, Él llevó el castigo que tú merecías para que pudieses tener la paz de Dios en tu vida (Isaías 53:5).

- **Dios es bueno**

En mi juventud, en Puerto Rico, mi pastor Roger Ponce tenía un mensaje central: Dios es bueno. Nos recalcaba esa verdad constantemente, al punto de que cuando le recuerdo casi puedo escucharle predicando: "¡Dios es bueno, es bueno!". En Su misericordia, Dios no nos da lo que merecemos, mas porque es bueno nos da lo que *no merecemos*: Su bendición.

"Porque yo sé los pensamientos que tengo acerca de vosotros, dice Jehová, pensamientos de paz, y no de mal, para daros el fin que esperáis" (Jeremías 29:11).

"Gustad, y ved que es bueno Jehová; Dichoso el hombre que confía en él" (Salmo 34:8).

Medita en el diseño original de Dios en Edén, antes de la caída. Absolutamente *todo* lo que Dios creó era bueno. Génesis 1:10, 12, 18, 21 y 25, terminan diciendo: "Y vio Dios que era bueno". Los mares, la tierra, la hierba, los árboles, las semillas, el día, la noche, todo ser viviente que se mueve, animales… Todo lo que Dios creó era bueno porque Él es bueno. No había enfermedad, pobreza, odio ni dolor. Todo fue bueno hasta que el hombre pecó. Desde entonces hay mucho mal en el mundo: hay enfermedad, pobreza, dolor y lágrimas. Por consiguiente, muchos se han preguntado: ¿Por qué permite Dios esto? Incluso en nuestro caminar como creyentes enfrentamos situaciones difíciles y nos hacemos la

---

20. Marcos 10:45.

misma pregunta: ¿Por qué permite Dios esto? Detrás de esta pregunta yacen semillas de duda muy peligrosas:

Duda n.° 1: Tal vez Dios no es bueno

Duda n.° 2: Tal vez Dios no es bueno siempre

Duda n.° 3: Tal vez Dios no es bueno con todos

Duda n.° 4: Tal vez Dios no es bueno conmigo

Nuestra carne, el mundo y el enemigo tratarán de sembrar una o más de estas semillas de duda en ti para que no camines en fe. Revisemos lo que ocurrió en el Edén para ver quién realmente permitió —y continúa permitiendo— que entrara la maldad al mundo:

> Entonces dijo Dios: Hagamos al hombre a nuestra imagen, conforme a nuestra semejanza; y señoree en los peces del mar, en las aves de los cielos, en las bestias, en toda la tierra, y en todo animal que se arrastra sobre la tierra. Y creó Dios al hombre a su imagen, a imagen de Dios lo creó; varón y hembra los creó. Y los bendijo Dios, y les dijo: Fructificad y multiplicaos; llenad la tierra, y sojuzgadla, y señoread en los peces del mar, en las aves de los cielos, y en todas las bestias que se mueven sobre la tierra.[21]

Nota que cuando Dios creó al hombre y a la mujer les **delegó** la *autoridad* y la *responsabilidad* de llenar la tierra, sojuzgarla y señorear en los peces, aves y animales.

Sojuzgar en el idioma hebreo es *kabásh* (Strong's 3533), que en este pasaje tiene que ver con *dominio*. Dios le entregó al hombre y a la mujer *dominio* y responsabilidad sobre la tierra, por lo tanto, eran ellos los que mantenían los parámetros puestos por Dios sobre la tierra, mientras obedecían las instrucciones de Dios para sus vidas. En otras palabras, ellos se mantenían en obediencia a Dios mientras

---

21. Génesis 1:26-2.

lideraban la creación de acuerdo a preceptos divinos. Cuando desobedecieron a Dios abrieron la puerta a la maldad; y no tan solo eso sino que, al obedecer las palabras de la serpiente, abdicaron su lugar de autoridad dado por Dios. En ese momento se desequilibra la historia de la humanidad. Con su desobediencia, el hombre creó un vacío de poder, cediendo su dominio a la serpiente. **No fue Dios quien permitió que entrara el dolor, la pobreza, la enfermedad y la muerte, fue el hombre.** Todavía la maldad y el dolor siguen entrando a la humanidad debido a hombres y mujeres que deciden desobedecer a Dios. Sin embargo, los creyentes en Cristo tenemos autoridad y somos llamados a hacer la diferencia, siguiendo los preceptos divinos de la Biblia. Somos llamados a reflejar el carácter de nuestro Dios, un Dios bueno. Somos llamados a volver al diseño original para que Su bondad sea evidente en nuestras vidas y en nuestro entorno. Así, otros al ver Su bondad querrán conocerle a Él.

- **Dios te ama**

La Biblia es la Palabra de Dios, en eso estamos muy claros. En ella se esconden tesoros de sabiduría, instrucciones de vida, ejemplos de fe, y la historia del pueblo de Israel y la de la Iglesia. Mas la Biblia es también una carta de amor de parte de Dios para la humanidad y para ti:

1. **Dios ama al mundo**: "*Porque de tal manera amó Dios al mundo, que ha dado a su Hijo unigénito, para que todo aquel que en él cree, no se pierda, mas tenga vida eterna*" (Juan 3:16).

2. **Dios ama a Sus hijos**: "*Mirad cuál amor nos ha dado el Padre, para que seamos llamados hijos de Dios; por esto el mundo no nos conoce, porque no le conoció a él*" (Juan 3:1).

3. **Dios te ama a ti**: "*En esto consiste el amor: no que nosotros hayamos amado a Dios, sino que él nos amó a nosotros, y ha enviado a su Hijo*

en propiciación por nuestros pecados" (1 Juan 4:10).

Juan, el discípulo amado, inspirado por el Espíritu Santo, plasmó:

"*Y nosotros hemos conocido y creído el amor que Dios tiene para con nosotros. Dios es amor; y el que permanece en amor, permanece en Dios, y Dios en él*" (1 Juan 4:16).

Una cosa es amar, otra cosa es *ser amor.* **¡Dios es amor!** Dios Padre, Dios Hijo y Dios Espíritu Santo. Quiere decir que el amor mismo se hizo carne, nació como un niño, vivió y creció en este mundo. Nos dio Su ejemplo y luego murió y resucitó por ti y por mí.

"*Con Cristo estoy juntamente crucificado, y ya no vivo yo, mas vive Cristo en mí; y lo que ahora vivo en la carne, lo vivo en la fe del Hijo de Dios, el cual me amó y se entregó a sí mismo por mí*" (Gálatas 2:20).

Cuando sientas que tu fe flaquea, recuerda: Dios te ama. Cuando pases por pruebas, recuerda que Dios te ama. Cuando lo que veas a tu alrededor no tenga sentido, recuerda que Dios te ama. Cuando te sientas solo, no olvides que Dios te ama. Cuando te rechacen, ¡sonríe y gózate porque Dios te ama! Cuando caminas con la certeza de Su amor por ti, otros querrán tener lo que tienes, entonces podrás guiarles a la Fuente de Vida Eterna, Jesús, quien los ama tanto como a ti.

El apóstol Pablo, en Gálatas 4:13-14, describe la enfermedad como una prueba en el cuerpo. Hace poco atravesé una prueba en mi cuerpo, particularmente dolorosa. Durante el tiempo que enfrenté esa prueba, por primera vez mi confesión creció. Usualmente, cuando una enfermedad trata de asomar su cabeza, comienzo a declarar que soy sano por las llagas de Cristo (Isaías 53:5) y múltiples pasajes bíblicos que cubren esa verdad. Sin embargo, en esta ocasión hubo un cambio. El dolor continuaba y un día me encontré confesando: "El Señor me ama. Él me ama. Yo no entiendo el porqué de esta prueba, pero Dios me ama". Cuando arreciaba el dolor, me recordaba a mí mismo: *Elmer, Dios te ama.* En esta ocasión la respuesta no llegó a través de una campaña evangelística por TV ni por la imposición de manos de un siervo de Dios, como me había pasado antes. En esta ocasión fue un médico, recetando un medicamento específico para una situación específica, aunque no por eso quiero decir que activé menos mi fe. Esta fue una prueba que Dios —quien no envió la enfermedad— usó para desarrollar en mí una conciencia más profunda de Su amor: Él me ama a mí. No importan mis circunstancias, mis pruebas ni mis defectos. Él PADRE es bueno, amoroso y misericordioso; por eso, adorémosle y démosle gracias por siempre y para siempre, amén.

La misericordia, bondad y amor de Dios son tres razones fundamentales para adorarle y darle gracias. Adorar y agradecer a Dios —a quien no podemos ver— requiere fe. Somos bienaventurados cuando creemos sin ver (Juan 20:29). Además, no tenemos nada que no hayamos recibido de parte de Dios (1 Corintios 4:7). Por lo tanto, hay razones sin fin para agradecerle. Finalmente, el Padre busca adoradores que le adoren en espíritu y verdad (Juan 4:23). Activa tu fe en adoración sincera. Sé lo que Dios está buscando y encontrarás en Él lo que tanto anhela tu corazón.

Preguntas de reflexión

1. ¿De qué modo ha sido misericordioso el Señor contigo?

2. ¿De qué manera se ha mostrado Dios bueno contigo?

3. ¿De qué maneras ha mostrado Dios Su gran amor por ti?

CAPÍTULO 8

Dimensión 6: La fe que resiste y se esfuerza con valentía

Mira que te mando que te esfuerces y seas valiente; no temas ni desmayes, porque Jehová tu Dios estará contigo en dondequiera que vayas.

Josué 1:9

Someteos, pues, a Dios; resistid al diablo, y huirá de vosotros.

Santiago 4:7

Por tanto, tomad toda la armadura de Dios, para que podáis resistir en el día malo, y habiendo acabado todo, estar firmes.

Efesios 6:13

Relación y misión

Hasta este momento hemos visto 5 dimensiones de la fe que agrada a Dios:

1. La fe que **pide y clama**

2. La fe que **persiste y persevera**

3. La fe que **escucha y obedece**

4. La fe que se **acerca**

5. La fe que **agradece y adora**

Estas se enfocan en tu interacción con Él. Imagina un círculo de intimidad con Dios. Esas 5 dimensiones ocurren mayormente dentro de ese círculo. Llamemos a ese círculo "relación". Ahora imagina el espacio fuera del círculo. Llamémosle "misión". La sexta y séptima de las dimensiones de la fe que agrada a Dios se encuentran mayormente en el área de tu misión, pero recuerda que dependen completamente de mantener tu enfoque en el centro del círculo. Son las dimensiones de fe que nos permiten cumplir el propósito de Dios con nuestras vidas en este mundo. Estas son:

6. La fe que **resiste y se esfuerza con valentía**

7. La fe que **confiesa y declara**

**Fig.3.Ubicación de cada dimensión
de la fe que agrada a Dios**

En el diagrama anterior, figura 3, vimos una representación del lugar que ocupa o dónde se encuentra cada dimensión de la fe que agrada a Dios. Tomemos un momento para hacer este concepto más tangible. Cada hijo e hija de Dios tiene la oportunidad de deleitarse en Él y de ser Su deleite: ¡Puedes tener tu Edén personal con Dios! El primer Edén lo plantó Dios para tener una relación con el hombre. Esto fue una decisión intencional de La Trinidad (Génesis 1:26). Ahora tú tienes la oportunidad de sembrar un Edén al poner a Jesucristo en el centro de tu vida. Ese Edén personal lo siembras mediante *la oración*. Claro, podemos orar en cualquier lugar; sin embargo, tener un lugar especial para hacerlo es una gran bendición. En fin, el círculo de intimidad es literalmente tu tiempo diario de oración con Dios, donde pasas tiempo con Él, lees Su palabra, le adoras, le escuchas y, en ocasiones, ayunas. Al salir de ese lugar, de ese tiempo con Él, puedes vivir empoderado por Él día a día. Es en tu día a día donde llevas a cabo tu misión, cumpliendo Su propósito para tu vida. Recuerda, lo que siembres en la intimidad con Dios lo cosecharás en tu día a día.

Jesús enseñó este principio: *"Mas tú, cuando ores, entra en tu aposento, y cerrada la puerta, ora a tu Padre que está en secreto; y tu Padre que ve en lo secreto te recompensará en público"* (Mateo 6:6). **Tu nivel de victoria nunca sobrepasará tu nivel de fe.** ¿Recuerdas cuando los discípulos no pudieron echar fuera un demonio específico que atormentaba a un muchacho? Ellos, en el nombre de Jesús, ya habían echado fuera demonios anteriormente; sin embargo, en esta ocasión no pudieron. ¿Por qué? Veamos:

> Cuando llegaron al gentío, vino a él un hombre que se arrodilló delante de él, diciendo: Señor, ten misericordia de mi hijo, que es lunático, y padece muchísimo; porque muchas veces cae en el fuego, y muchas en el agua. Y lo he traído a tus discípulos, pero no le han podido sanar. Respondiendo Jesús, dijo: ¡Oh generación incrédula y perversa! ¿Hasta cuándo he de estar con vosotros? ¿Hasta cuándo os he de soportar? Traédmelo acá. Y reprendió Jesús al demonio, el cual salió del muchacho, y éste quedó sano desde aquella

> hora. Viniendo entonces los discípulos a Jesús, aparte, dijeron: ¿Por qué nosotros no pudimos echarlo fuera? Jesús les dijo: Por vuestra poca fe; porque de cierto os digo, que si tuviereis fe como un grano de mostaza, diréis a este monte: Pásate de aquí allá, y se pasará; y nada os será imposible. Pero este género no sale sino con oración y ayuno.[22]

Nota que cuando le preguntaron por qué no pudieron echar fuera al demonio, lo primero que les contesta Jesús es: "Por vuestra poca fe". Luego ilustra una de las imágenes más impactantes de la fe, diciendo que es tan poderosa que solo el equivalente a un grano de mostaza puede mover hasta los montes. Mas Su respuesta no terminó ahí. Luego explicó que el demonio era diferente a lo que ellos habían enfrentado antes y que vencerlo requería "oración y ayuno". Detengámonos un momento. De este versículo se ha enseñado mucho, pero pienso que la religiosidad ha robado parte de lo que el Señor nos muestra aquí. Cuando leemos "oración y ayuno" con un lente de religiosidad, vemos una regla más para cumplir; una fórmula más para seguir. ¡No, no y no! Jesús no oraba y ayunaba al Padre para cumplir con una regla o ejecutar una fórmula. Él oraba y ayunaba para mantener una relación de intimidad con el Padre y caminar en el Espíritu; esa intimidad y ese enfoque eran los que hacían que Su vida entera cumpliera el propósito por el cual había sido enviado. De igual forma, al seguir Su ejemplo, oramos, alabamos, escudriñamos la Biblia y ayunamos para desarrollar una relación íntima con el Padre, y así poder andar en el Espíritu. Tu nivel de victoria no sobrepasará tu nivel de fe, pero es preciso que tu fe esté basada en una relación de intimidad con tu Dios y Padre celestial, pues es lo único que garantiza una victoria completa que incluye estar con nuestro Señor por la eternidad. No seamos como los que hacen proezas sin tener intimidad con el Señor:

> No todo el que me dice: Señor, Señor, entrará en el reino de los cielos, sino el que hace la voluntad de mi Padre que está en los cielos. Muchos me dirán

---

22. Mateo 17:14-21.

> en aquel día: Señor, Señor, ¿no profetizamos en tu
> nombre, y en tu nombre echamos fuera demonios, y en
> tu nombre hicimos muchos milagros? Y entonces les
> declararé: Nunca os conocí; apartaos de mí, hacedores
> de maldad.[23]

La importancia de basar nuestra fe en una relación con Dios yace en el proceso de ser transformados, más y más, a la imagen de Cristo. La transformación requiere escuchar Su voz y tomar pasos de obediencia. Es con base en esa verdad que abordaremos la próxima dimensión, pues hay un detalle importante sobre la fe: tarde o temprano será probada.

Tu fe será probada

Hay tres diferentes formas en que la fe es probada: la *aflicción*, la *tentación*, y la *oposición*. Además, el enemigo siempre trata de aprovechar cuando enfrentas pruebas para crear un estado de *opresión* en tu mente. En estas situaciones el creyente tiene que activar su fe para *resistir* y estar firme en el Señor hasta el final.

La aflicción, la tentación, y la oposición son *inevitables* en este mundo. Incluso Jesucristo, Dios hecho carne, las experimentó durante su tiempo aquí en la tierra. Jesús atravesó por momentos de dolor, incluyendo la muerte de Su amigo Lázaro, la traición de Su amigo Judas y el ser negado por Su amigo Pedro. Él también fue tentado, pero sin pecado (Hebreos 4:15) y, además, enfrentó la oposición de los fariseos y escribas durante *todo* Su ministerio.

Un segundo punto importante es recordar dónde se originaron estas tres cosas. La *oposición* a los propósitos de Dios, la *aflicción* (dolor, enfermedad, tristeza, muerte, etc.) y la *tentación* se originaron en y por el diablo. Piénsalo, todo lo que Dios crea es bueno. El enemigo cuando fue creado era un querubín hermoso que adoraba en la presencia de Dios —*"Perfecto eras en todos tus caminos desde el día que fuiste creado, hasta que se halló en*

---

23. Mateo 7:21-23.

ti maldad" (Ezequiel 28:15). En el diablo se halló la maldad, trató de usurpar el lugar de Dios y por eso fue arrojado del cielo. La primera ocasión de oposición a Dios se originó en Satanás. Luego, la entrada de la aflicción y la muerte fue por la primera tentación a la humanidad, también hecha por el diablo. Al desobedecer a Dios, el hombre y la mujer cambiaron la bendición por la maldición, la vida por la muerte, la salud por la enfermedad. Recuerda eso cuando enfrentes oposición, tentación, aflicción u opresión; el ser humano y el diablo son los culpables, no Dios.

AFLICCIÓN

1 de Pedro enseña:

> Bendito el Dios y Padre de nuestro Señor Jesucristo, que según su grande misericordia nos hizo renacer para una esperanza viva, por la resurrección de Jesucristo de los muertos, para una herencia incorruptible, incontaminada e inmarcesible, reservada en los cielos para vosotros, que sois guardados por el poder de Dios mediante la fe, para alcanzar la salvación que está preparada para ser manifestada en el tiempo postrero. En lo cual vosotros os alegráis, aunque ahora por un poco de tiempo, si es necesario, tengáis que ser afligidos en diversas pruebas, para que sometida a prueba vuestra fe, mucho más preciosa que el oro, el cual aunque perecedero se prueba con fuego, sea hallada en alabanza, gloria y honra cuando sea manifestado Jesucristo, a quien amáis sin haberle visto, en quien creyendo, aunque ahora no lo veáis, os alegráis con gozo inefable y glorioso; obteniendo el fin de vuestra fe, que es la salvación de vuestras almas.[24]

---

24. 1 de Pedro 1:3-9.

Como ves, hay muchos principios valiosos en este pasaje:

- Cuando llegan momentos de aflicción, estos prueban nuestra fe, así como el oro con el fuego (v. 6-7).

- La fe es el medio por el cual somos guardados por el poder de Dios (v. 5).

- Fuimos renacidos por el Padre para una esperanza viva y una herencia que no se puede expresar humanamente (v. 3-4).

- El gozo del creyente es "inefable y glorioso" aun en la aflicción (v. 9).

- El propósito de nuestra fe es la salvación de nuestras almas (v. 9).

La aflicción es inevitable en este mundo. Jesús dijo: *"Estas cosas os he hablado para que en mí tengáis paz. En el mundo tendréis aflicción; pero confiad, yo he vencido al mundo"* (Juan 16:33). Nota que en este verso, en medio de la aflicción y la victoria de Cristo, está la palabra *"confiad"*. Mientras estemos en el mundo nuestra fe será probada; sin embargo, el Señor nos dice que confiemos en Él y en esa confianza encontraremos Su paz. Esa confianza requiere de la fe que agrada a Dios. Requiere resistir el impulso de creer que Él nos ha dejado solos, que no nos ama o que no es bueno. Cuando estés atravesando por la aflicción, recuerda que esta no durará para siempre: *"Porque un momento será su ira, pero su favor dura toda la vida. Por la noche durará el lloro, y a la mañana vendrá la alegría"* (Salmos 30:5).

TENTACIÓN

Lo primero que tenemos que recordar respecto a la tentación es que **Dios nunca te tienta:** *"Cuando alguno es tentado, no diga que es tentado de parte de Dios; porque Dios no puede ser tentado por el mal, ni Él tienta a nadie"* (Santiago 1:13).

1 Corintios nos enseña que:

> No os ha sobrevenido ninguna tentación que no sea humana; pero fiel es Dios, que no os dejará ser tentados más de lo que podéis resistir, sino que dará también juntamente con la tentación la salida, para que podáis soportar.[25]

La tentación en sí misma no es pecado, pero sí es la puerta hacia el pecado. Y la paga del pecado es muerte (Romanos 6:23). Por lo tanto, saber lidiar con la tentación es literalmente de vida o muerte para el creyente. Veamos los principios bíblicos que se encuentran en 1 Corintios 10:13:

- Ser humanos acarrea, en sí, la capacidad de ser tentados.

- Dios es siempre fiel, aun cuando enfrentamos la tentación.

- Dios no permite que la tentación sea más de lo que podemos resistir.

- Cuando llega la tentación, Dios provee una salida.

Es importante prepararnos para la tentación; decide hoy cómo vas a responder la próxima vez que la enfrentes. Acabamos de leer que Dios es fiel y provee una salida, y no permite que seamos tentados más allá de lo que podemos resistir. Entonces, puedes estar completamente seguro de que Su voluntad es que *venzas* la tentación y no que caigas en ella.

Santiago 1 nos dice:

> Bienaventurado el varón que soporta la tentación; porque cuando haya resistido la prueba, recibirá la corona de vida que Dios ha prometido a los que le aman. Cuando alguno es tentado, no diga que es tentado de parte de Dios; porque Dios no puede ser tentado por el mal, ni él tienta a nadie; sino que cada uno es tentado, cuando de su propia concupiscencia es atraído

---

25. 1 Corintios 10:13.

> y seducido. Entonces la concupiscencia, después que ha concebido, da a luz el pecado; y el pecado, siendo consumado, da a luz la muerte.[26]

Soportar la tentación es esencial para llegar a recibir "la corona de vida", la cual recibirán los que *aman* al Señor; de nuevo, *relación-acción-transformación.* Tenemos que crecer en nuestro amor hacia Él para poder resistir la tentación. ¿Por qué? Porque la tentación apela a nuestro amor propio —hacer lo que queremos, vivir como queremos, y así por el estilo. Nuestros sentimientos y opiniones pueden engañarnos y solo el amar a nuestro Padre, sobre todo, puede protegernos de nosotros mismos. Si no crecemos en amarle a Él sobre todas las cosas, corremos el riesgo de amar más los deseos de la carne y caer en la tentación.

Hay varias claves bíblicas para resistir la tentación:

- **Corre en dirección opuesta**: José fue tentado por la esposa de su amo Potifar. ¿Su reacción? Salir corriendo en dirección opuesta, aunque la mujer se quedó con su túnica; perdió su ropa, pero no su integridad (Génesis 39). No hay consejo más práctico que correr en dirección opuesta a la tentación. José vivió mucho antes de que se escribiesen las Escrituras, sin embargo, antes de que se pudiese citar "libro, capítulo y versículo" se podía correr, y así lo hizo. Aun en el Nuevo Testamento, Pablo aconseja a Timoteo para que huya de las pasiones juveniles (2 Timoteo 2:22). Ante la tentación, es de valientes correr.

- **Cita la palabra de Dios**: Jesús refutó cada tentación del diablo en el desierto citando la Palabra de Dios, "escrito está" (Mateo 4:1-11). Pasar tiempo en intimidad leyendo Su palabra siembra en nosotros herramientas que podremos usar al ser tentados. Algunos versículos que son poderosos ante la tentación incluyen: Gálatas 2:20, Joel 3:10, Filipenses 4:13.

---

26. Santiago 1:12-16.

- **Cierra puertas**: La tentación nos llega a todos, sin embargo, a veces somos cabezones, haciéndole el camino fácil a la tentación y el nuestro, más difícil. Por ejemplo, en Génesis 4:7, Dios le dice a Caín *"Si bien hicieres, ¿no serás enaltecido? y si no hicieres bien, el pecado está a la puerta; con todo esto, a ti será su deseo, y tú te enseñorearás de él"*. Si Caín hubiese cerrado la puerta al pecado, no hubiese matado a su hermano Abel. Como creyentes, nos toca cerrar puertas, crear barreras entre nosotros y el pecado que nos tienta. Cuando Pablo escribe en 1 Corintios 6:12: *"Todas las cosas me son lícitas, mas no todas convienen; todas las cosas me son lícitas, mas yo no me dejaré dominar de ninguna"*. Esto significa que como creyentes nos toca poner barreras en cosas que no son pecado, pero que igual no nos convienen. Cada uno de nosotros conoce ese tipo de cosas que no son "pecado", pero nos acercan a lo que sí lo es, nos tientan. Por ello, es mejor cerrar la puerta. Pide al Señor que te revele qué puertas cerrar y luego hazlo con premura.

- **Clama a Dios:** Dios nos dice "clama a Mí y Yo te responderé" (Jeremías 33:3). La próxima vez que seas tentado, haz esto, ora al Señor en voz alta: "Señor, estoy siendo tentado de esta manera ahora mismo. Oh, Espíritu Santo, dame fuerzas, muéstrame la salida. No quiero pecar contra Ti". Ese tipo de oración contrarresta la mentira de que Dios está lejos cuando enfrentamos la tentación; al contrario, está cerca, sigue siendo fiel y está presto para ayudarte a vencerla. Pídele que te fortalezca y guíe hacia la salida que queda en dirección opuesta a la tentación, y Él lo hará.

La próxima vez que seas tentado no lo aceptes pasivamente. ¡RESISTE, *corre, cita, cierra y clama*! Activa tu fe para apartar tu pie del mal y acercarte a la corona de vida que el Señor ha preparado para ti. Cree la verdad de la Palabra de Dios. ¡En Él tú eres fuerte!

OPOSICIÓN

La oposición al creyente es real y, por lo general, tiene nombre y apellido. En otras palabras, se torna tangible en personas de carne y hueso dejándose usar por el diablo. Moisés fue opuesto por el Faraón; el pueblo de Israel, por las naciones paganas a su alrededor; David, por Goliat, Saúl y Absalón; José, por sus propios hermanos; Jesús, por Herodes, los escribas, saduceos y fariseos. Pablo también tuvo muchísima oposición —"... *salvo que el Espíritu Santo por todas las ciudades me da testimonio, diciendo que me esperan prisiones y tribulaciones*" (Hechos 20:23). Recuerda esta verdad: la oposición no es sinónimo de derrota, al contrario, ¡es una señal de que el plan de Dios está operando en tu vida!

De nuevo, la oposición al plan de Dios tiene su origen en Satanás. Al principio, en el Edén, Dios estaba poniendo Su plan original en acción. Le había dado autoridad y dominio delegado al hombre. ¿Qué ocurrió después? La oposición del diablo. ¿Y qué decimos de Moisés? ¿De Jesús? Edictos del faraón y de Herodes tratando de eliminar a todos los niños pequeños. ¿Y qué de Goliat y luego Saúl tratando de matar a David? Mira a Pablo, el tamaño de su misión atraía oposición: "... *salvo que el Espíritu Santo por todas las ciudades me da testimonio, diciendo que me esperan prisiones y tribulaciones*" (Hechos 20:23).

Todos esos siervos de Dios, incluyendo a Jesús, su hijo, cumplieron el propósito de Dios. No porque no enfrentaron a la oposición, sino porque triunfaron a pesar de esta. ¿Cómo? Porque tenían una relación con Dios, que no era una idea ni una religión; Él era real en sus vidas. Él era la fuente y el destino de su amor. Algunos fueron mártires, mas todos fueron victoriosos. Cuando enfrentes oposición, recuerda que esta pretende descarrilar el plan de Dios para ti. Confía en que Dios está orquestando todo para cumplir Su plan y Sus promesas para tu vida. El enemigo trata de descarrilar el plan de Dios, ¡pero Su plan sigue hacia adelante y en Él tenemos la victoria!:

> Enviaré delante de ti la avispa, que eche fuera al heveo, al cananeo y al heteo, de delante de ti. No los echaré de delante de ti en un año, para que no quede la tierra desierta, y se aumenten contra ti las fieras del campo. Poco a poco los echaré de delante de ti, hasta que te multipliques y tomes posesión de la tierra.[27]

- El Señor promete echar la oposición fuera de ti.

- Él te avisa que no lo hará todo de una vez, por tu bien.

- Su fin es que te multipliques y tomes dominio.

- ¡Su plan original desde Génesis sigue en pie!

¿Lo puedes ver? ¡Él quiere cumplir Su plan en tu vida! La oposición viene en temporadas porque cada ataque es vencido por Dios obrando a tu favor. La oposición no es un síntoma de estar lejos de Dios, sino una señal de que estás en el camino correcto. Lo importante es no creer la mentira de que tienes que vivir tomando golpes del enemigo 24/7. No. Cuando David enfrentó a Goliat lo venció en un día. Cuando Saúl se le opuso le tomó años, pues Dios tenía propósitos, incluyendo probar el carácter de David. Igualmente, el plan de Dios se cumplió y David venció en las fuerzas del Señor. Sí, Pablo tuvo oposición en cada ciudad, sin embargo, igual predicó por todo el mundo conocido en ese entonces y escribió la mayoría del Nuevo Testamento en el proceso. El plan de Dios se cumplió y Su victoria fue evidente en su vida. Pablo venció la oposición en las fuerzas del Señor.

Al igual que el pueblo de Israel en Deuteronomio 28, eres bendecido cuando obedeces a Dios sin importar la oposición. Dios te pone arriba y no debajo, eres cabeza y no cola. ¿Y sabes lo que ocurre a la oposición? ¡Por un camino saldrán contra ti y por siete caminos huirán! Pero el enemigo tratará de hacerte creer lo contrario para robar tu fe; atacará tu mente para que creas que estás derrotado y tratará de poner sobre ti un yugo muy pesado: *la opresión*.

---

27. Éxodo 23:28-30.

OPRESIÓN

La opresión, en su sentido literal, es cuando uno más poderoso maltrata y hace sufrir a otro más débil. En la Biblia, la palabra opresión en hebreo es *lachats,* que significa *angustia* (Strong's H3906). Además, el verbo *oprimir* es *ratsáts,* que significa *aplastar* (Strong's H7533). En resumen, el opresor aplasta causando que el oprimido se aflija.

El enemigo tratará de aprovechar cada oportunidad para oprimir o aplastar tu mente. Su propósito es causar un cortocircuito para quitarle el poder a tu fe. Para esto utiliza la duda y el temor, aprovechando cuando pases por aflicción, tentación u oposición, para sembrar semillas de opresión en tu mente. El problema de vivir bajo opresión es que comienza a traer a sus compañeras, la desilusión y la desesperación. Luego, si no lidias con estos impostores y crees sus mentiras, se convierten en una de dos cosas: resignación o rebelión. En otras palabras, o continúas en los caminos del Señor, pero viviendo como un derrotado o, peor aún, te apartas del Señor por completo.

¿Cuáles son las mentiras que trae la opresión y sus compañeras la desilusión y la desesperación? Veamos algunos ejemplos:

Cuando enfrentas aflicción, llegan pensamientos como estos:

- Dios no me ama.

- Dios no me escucha.

- A Dios no le importa.

- ¿Será que Dios quiere enseñarme algo?

- Hice algo mal, no hay nada más que hacer.

- Que sea lo que Dios quiera.

Cuando enfrentas tentación, particularmente si tropiezas o caes, llegan pensamientos como estos:

- Será que no amo a Dios.

- No valgo nada, siempre seré así.

- No puedo acercarme a Dios.

- No voy a ir a la iglesia, no soy hipócrita.

- ¿Para qué seguir intentándolo?

Cuando enfrentas oposición, probablemente llegan pensamientos así:

- Si Dios no ha hecho algo hasta ahora, ya no lo hará nunca.

- No escuché bien las instrucciones de Dios.

- No puedo más, es demasiado, soy muy débil.

- Estoy solo o sola, no vale la pena seguir.

¿Te das cuenta de que ninguno de esos pensamientos contiene fe? Aceptar cualquiera de ellos implicaría que no hay mucho que tu oración o tu fe, nacida y cimentada en relación, acción y transformación, pudiese lograr. Aceptar esos pensamientos, además de disminuir la intensidad de tu oración, mueve tu enfoque fuera de la Palabra de Dios y hacia las circunstancias. Cuando le das rienda suelta a esas semillas de opresión debilitas tu espíritu; pronto te comienzas a dar cuenta de que se te hace más difícil adorar y dar gracias a Dios. El virus de la opresión no tiene misericordia. Toma más y más espacio en tu mente y corazón con el fin de anular el progreso en tu caminar de fe, incluso robarte la fe misma. ¡Y recuerda que sin fe es imposible agradar a Dios! La opresión, si se lo permites, robará tu bendición, tu misión y hasta tu destino.

Miremos lo que dice la Biblia sobre la opresión en 2 Corintios:

> Pero tenemos este tesoro en vasos de barro, para que la excelencia del poder sea de Dios, y no de nosotros, que estamos atribulados en todo, mas no angustiados; en apuros, mas no desesperados; perseguidos, mas no desamparados; derribados, pero no destruidos;

> llevando en el cuerpo siempre por todas partes la muerte de Jesús, para que también la vida de Jesús se manifieste en nuestros cuerpos.[28]

La palabra original para "no angustiado" es *stenochoreo,* cuyo significado incluye ser "apretado". Por eso hay traducciones en inglés, por ejemplo, NKJV[29], que dice "*not crushed*" o "no aplastados". La opresión no es para el creyente, sino que es el estado de ánimo que el diablo quisiera que aceptáramos. Veamos el pasaje anterior a través de una óptica de preguntas y respuestas:

- ¿Puede el creyente pasar por tribulaciones? Sí. ¿Tiene el creyente que sentirse angustiado? NO.

- ¿Puede el creyente estar en apuros? Sí. ¿Tiene el creyente que sentirse desesperado? NO.

- ¿Puede el creyente ser perseguido? Sí. ¿Tiene el creyente que sentirse desamparado? NO.

- ¿Puede el creyente, en ocasiones, ser derribado? Sí. ¿Tiene el creyente que sentirse destruido? NO. El escudo de la fe puede resistir cualquier embate del enemigo.

¿Lo ves? ¡Tú puedes prevenir o detener la opresión! La opresión tiene un componente interno, tu mente. Por lo tanto, puedes sentir cuando el enemigo o tu propia carne comienzan a poner pensamientos contrarios a las promesas y preceptos de la Palabra del Señor. Hay dos áreas claves para lidiar con la opresión: el temor y los pensamientos.

> Con justicia serás adornada; estarás lejos de opresión, porque no temerás, y de temor, porque no se acercará a ti.[30]

---

28. 2 Corintios 4:7-10.
29. *New King James Version.*
30. Isaías 54:14.

> Porque no nos ha dado Dios espíritu de cobardía, sino de poder, de amor y de dominio propio.[31]

Nota que es una promesa de Dios que estemos lejos de opresión "porque no temerás". Nota el vínculo entre el temor y la opresión, el estado mental de sentir la mente siendo aplastada. Luego dice que el temor "no se acercará a ti". El temor viene de afuera hacia adentro para oprimirte. Mira en 2 de Timoteo, describe la cobardía, el temor, como un "espíritu". El temor, tipo miedo, es enviado por el enemigo para aplastarte la mente, pero Dios nos da, a través de Su Espíritu, un espíritu de poder, amor y dominio propio. La traducción en inglés utiliza el término *"a sound mind"*, una mente sólida y equilibrada.

> Pues aunque andamos en la carne, no militamos según la carne; porque las armas de nuestra milicia no son carnales, sino poderosas en Dios para la destrucción de fortalezas, derribando argumentos y toda altivez que se levanta contra el conocimiento de Dios, y llevando cautivo todo pensamiento a la obediencia a Cristo.[32]

Tanto al temor como a cualquier pensamiento que no esté alineado con la Palabra, nos toca llevarlos cautivos en oración a la obediencia de Jesucristo. Efesios 6:16 dice: *"Sobre todo, tomad el escudo de la fe, con que podáis apagar todos los dardos de fuego del maligno"*. Las mentiras que traen opresión a tu vida son como dardos o flechas de fuego lanzadas por Satanás. La Palabra nos enseña que nuestra fe es el escudo que puede apagar todas ellas. En las guerras antiguas, las flechas encendidas eran lanzadas con dos propósitos: si no caían sobre un soldado enemigo, tenían la capacidad de encender en fuego un área. Esto hacía que los soldados *se movieran de su lugar*. De igual forma, los ataques del maligno tienen dos propósitos: primeramente, destruirte, que la flecha te impacte directamente; si no, entonces el propósito secundario entra en acción: *moverte de tu lugar*. Efesios 6 nos enseña que la verdadera fe, la fe que agrada a Dios, es un escudo

---

31. 2 Timoteo 1:7.
32. 2 Corintios 10:3-6.

con el cual podemos apagar *todos, todos, TODOS los dardos,* las flechas de fuego del maligno. Que no se te escape esto. La armadura de Dios te cubre de los impactos directos, además, el escudo de la fe te permite apagar el ataque indirecto: la opresión de tu mente. Imagina que ves un grupo de flechas volando hacia ti —un ataque directo. Tu coraza, yelmo y escudo te cubren; sientes los impactos, mas no llegan a tu piel —la protección del Señor. Luego sientes que el ambiente a tu alrededor cambia y notas pequeñas llamas de fuego tratando de crecer para moverte de tu lugar. ¿Y ahora qué? ¿Vas a dejar que semillas de temor, duda y mentira den paso a la opresión? ¿O vas a tomar el escudo de la fe para apagar todos esos pensamientos, llevándolos cautivos a la obediencia de Cristo?

"¿No es más bien el ayuno que yo escogí, desatar las ligaduras de impiedad, soltar las cargas de opresión, y dejar ir libres a los quebrantados, y que rompáis todo yugo?" (Isaías 58:6).

La aflicción, la tentación y la oposición son periodos que vienen y van en la vida. El Señor ha vencido y nos ha dado Su victoria porque somos Sus hijos. Él ha prometido estar con nosotros en todo momento, "todos los días, hasta el fin del mundo" (Mateo 28:20). El enemigo, por otro lado, tratará de hacerte creer todo lo contrario para oprimir y aplastar tu mente. Te toca a ti aferrarte a la verdad de la Palabra de Dios, dejando ir toda carga de opresión. Esto será esencial para que puedas resistir y esforzarte con valentía hacia tu misión y Su propósito.

CORRECCIÓN

Enfoquemos ahora un punto muy importante y delicado: la disciplina y corrección del Señor. Este ha sido un tema que, al igual que el de la tentación, aflicción, oposición y opresión, puede ser fácilmente malinterpretado. Así como es importante no atribuir a Dios el origen de esos cuatro, lo es también saber cuándo Dios nos está disciplinando y cuando no. Discernir la corrección del Señor es determinante en tu caminar de fe como creyente. Veamos algunas verdades sobre la disciplina del Señor en la Biblia:

1. **La disciplina se originó en Dios**: Al principio, Dios le dijo al hombre y a la mujer que podían comer de todo fruto, excepto del árbol de la ciencia del bien y el mal. En otras palabras, tenían que obedecer a Dios día tras día —autodisciplina. Después de la caída de Adán y Eva, Dios hizo cumplir lo que les había advertido. Él decretó consecuencias tanto para la serpiente como para la mujer y también para el hombre (Génesis 3:14-19). Al no ejercer autodisciplina, el hombre y la mujer recibieron disciplina. Piénsalo, la obediencia es una expresión de autodisciplina. Dios requiere obediencia. La disciplina se originó en Dios.

2. **La disciplina de Dios es resultado de la desobediencia**: Nuestro Dios es un buen Padre. Él no es como algunos padres terrenales, maltratantes, ausentes o déspotas. Cuando Jehová nuestro Dios y Padre corrige, disciplina o castiga, es como resultado *directo* de la desobediencia. Veamos algunos ejemplos al respecto:

   a. Jonás: Mientras Jonás desobedecía, enfrentó una gran tormenta y luego fue tragado por un pez (Jonás 1-4).

   b. David: Decide hacer un censo, lo que desagradó a Dios. ¿Qué ocurrió después? El Señor envió al profeta Gad para comenzar el proceso de corrección (1 Crónicas 21).

   c. David: Es disciplinado luego de cometer adulterio con Betsabé y mandar a matar a su esposo Urías (2 Samuel 12).

3. **La disciplina del Señor es una expresión de Su amor**:

   a. *"Porque Jehová al que ama castiga, como el padre al hijo a quien quiere"* (Proverbios 3:12).

   b. *"... y habéis ya olvidado la exhortación que como a hijos se os dirige, diciendo: Hijo mío, no menosprecies la disciplina del Señor, ni desmayes cuando eres reprendido por Él; Porque el Señor al que ama, disciplina, y azota a todo el que recibe por hijo. Si soportáis la disciplina, Dios os trata como a hijos; porque ¿qué hijo es aquel a quien el padre no disciplina?"* (Hebreos 12:5-7).

4. **La disciplina del Señor es parte de nuestra transformación:**

   a. *"Pero si se os deja sin disciplina, de la cual todos han sido participantes, entonces sois bastardos, y no hijos. Por otra parte, tuvimos a nuestros padres terrenales que nos disciplinaban, y los venerábamos. ¿Por qué no obedeceremos mucho mejor al Padre de los espíritus, y viviremos? Y aquellos, ciertamente por pocos días nos disciplinaban como a ellos les parecía, pero éste para lo que nos es provechoso, para que participemos de Su santidad. Es verdad que ninguna disciplina al presente parece ser causa de gozo, sino de tristeza; pero después da fruto apacible de justicia a los que en ella han sido ejercitados"* (Hebreos 12:8-11).

5. **Dios hace muy claro y evidente cuando es Él quien está disciplinando:**

   a. Jonás sabía claramente que la tormenta y el pez eran resultado de su desobediencia (Jonás 1:12).

   b. Cuando el pueblo de Israel aceptó el reporte de los 10 espías incrédulos, fue muy claro que Dios no les dejaría entrar a la tierra prometida, excepto a Josué y Caleb (Números 14:30).

   c. Fue muy claro que Ananías y Safira recibieron castigo de parte de Dios (Hechos 5:1-11).

d. Dios daba oportunidad y describía las consecuencias futuras de la desobediencia, todas las veces que llegaba juicio al pueblo de Israel por rebelarse e ir tras falsos dioses, ¡a través de todo el Antiguo Testamento!

e. No cabía duda de que el Señor estaba disciplinando a David por pecar, al hacer el censo y cuando cometió adulterio con Betsabé y mandó a matar a Urías (1 Crónicas 21 y en 2 Samuel 12).

f. Fue claro y evidente que Dios disciplinó a Moisés por desobedecer a Dios, al golpear la roca en vez de hablarle. Dios no le permitió poner pie en la tierra prometida (Números 27).

6. **La obediencia influye en la manera en que el Señor disciplina:**

a. **Jonás**: El capítulo 4 del libro de Jonás contrasta la manera en que Dios lidia con él cuando este se alineó a su voluntad, a diferencia de cuando estaba desobedeciéndole. Jonás se enfadó muchísimo cuando Nínive se arrepintió, pues entonces Dios no envió el castigo profetizado. Hay mucho que aprender de allí, mas nota la forma en que Dios corrige a Jonás. Dios *le habla,* luego se toma el tiempo de orquestar el nacimiento y la muerte de una calabacera, esperando pacientemente la reacción de Jonás; luego *habla con él* nuevamente. Finalmente, Dios termina revelando Su corazón a Jonás en un pasaje bíblico hermoso:

Y dijo Jehová: Tuviste tú lástima de la calabacera, en la cual no trabajaste, ni tú la hiciste crecer; que en espacio de una noche nació, y en espacio de otra noche pereció. ¿Y no tendré Yo piedad de Nínive, aquella gran ciudad donde hay más de ciento veinte mil personas que no saben discernir entre su mano derecha y su mano izquierda, y muchos animales.[33]

b. **Salomón**: En 2 Crónicas 1 se narra que el rey Salomón comenzó su reinado, alineado en obediencia al Señor y enfocado en su misión de construir el templo para Él. Salomón caminaba en obediencia, ofreciendo sacrificios a Dios y clamando, invocando, el nombre del Señor. Tanto así que en el verso 7 dice: *"Y aquella noche apareció Dios a Salomón y le dijo: Pídeme lo que quieras que Yo te dé"*. Salomón pidió sabiduría para gobernar al pueblo de Dios, y el resto es historia. Dios decidió darle la sabiduría y todo lo demás que él no pidió. Eso demuestra el corazón de Dios cuando le obedecemos; sin embargo, en 1 Reyes 11:11 podemos ver cuando Salomón se alejó de Dios, en desobediencia e idolatría: *"... dijo Jehová a Salomón: Por cuanto ha habido esto en ti, y no has guardado mi pacto y mis estatutos que yo te mandé, romperé de ti el reino, y lo entregaré a tu siervo"*.

c. Lee el libro de Proverbios. Allí descubrirás el contraste entre el camino del sabio en obediencia a Jehová y la vida del rebelde en desobediencia.

7. **Dios da oportunidades de cambiar antes de disciplinar severamente**

a. Apocalipsis 2:20-22: *"Pero tengo unas pocas cosas contra ti: que toleras que esa mujer Jezabel, que se dice profetisa, enseñe y seduzca a mis siervos a fornicar y a comer cosas sacrificadas a los ídolos. Y le he dado tiempo para que se arrepienta, pero no quiere arrepentirse de su fornicación. He aquí, Yo la arrojo en cama, y en*

---

33. Jonás 4:10-11.

gran tribulación a los que con ella adulteran, si no se arrepienten de las obras de ella".

b. Mateo 23:37-38: *"¡Jerusalén, Jerusalén, que matas a los profetas, y apedreas a los que te son enviados! ¡Cuántas veces quise juntar a tus hijos, como la gallina junta sus polluelos debajo de sus alas, y no quisiste! He aquí vuestra casa os es dejada desierta".*

c. Toda la historia del pueblo de Israel en el Antiguo Testamento: Si obedecían a Dios, prevalecían contra sus enemigos. Si no seguían a Dios en obediencia, sufrían derrotas y hasta cautiverio.

d. Éxodo 34:6-7: *"Y pasando Jehová delante de él proclamó: ¡Jehová! ¡Jehová! Fuerte, misericordioso y piadoso; tardo para la ira, y grande en misericordia y verdad; que guarda misericordia a millares, que perdona la iniquidad, la rebelión y el pecado, y que de ningún modo tendrá por inocente al malvado; que visita la iniquidad de los padres sobre los hijos y sobre los hijos de los hijos, hasta la tercera y cuarta generación".*

Tal vez te preguntes, ¿por qué enfocarnos tanto en la corrección del Señor? La razón es que para resistir y esforzarnos con valentía para poder cumplir el plan de Dios tenemos que poder diferenciar entre lo que es y lo que no es corrección divina. En este caminar de fe no podemos darnos el lujo de asignar a Dios cosas que Él no está haciendo. Cuando el Señor nos corrige, requiere una respuesta de rendirse, reflexionar, arrepentirse y cambiar de rumbo; por otro lado, cuando hay oposición requiere una actitud de resistir, mantenerse sometido a Dios y ser violentos en la fe para alcanzar el Reino de Dios (Mateo 11:12, Santiago 4:7). ¿Imagínate qué pasaría si te rindes a la oposición y resistes la disciplina? Saber diferenciar entre ambas es una señal de crecimiento espiritual para el creyente.

Sí, es bíblico, existe la corrección del Señor. Mas si estás en Cristo, Él tiene muchas formas de enseñarte antes de que tenga que recurrir a métodos más severos —¡como que te encuentres en la barriga de un gran pez!. Veamos algunas de las diferentes maneras que Dios puede usar para guiarte, corregirte o disciplinarte:

- **Su Palabra**: *"Lámpara es a mis pies Tu Palabra, y lumbrera a mi camino"* (Salmo 119:105) y *"Toda Escritura es inspirada por Dios, y útil para enseñar, para redargüir, para corregir, para instruir en justicia"* (2 Timoteo 3:16).

- **Su Santo Espíritu**: *"Pero cuando venga el Espíritu de verdad, Él os guiará a toda verdad; porque no hablará por Su propia cuenta, sino que hablará todo lo que oyere, y os hará saber las cosas que habrán de venir"* (Juan 16:13).

- **Visiones y sueños**: José, el patriarca, tuvo e interpretó sueños. Daniel y múltiples profetas recibieron instrucciones para ellos o para otros a través de visiones. José, Pedro, Ágabo y Pablo son ejemplos, en el Nuevo Testamento, de recibir visiones y sueños de parte del Señor (Génesis 41, Mateo 1:20-24, los libros de los profetas, el libro de los Hechos, Hechos 2:17).

- **Los 5 ministerios**: *"Y Él mismo constituyó a unos, apóstoles; a otros, profetas; a otros, evangelistas; a otros, pastores y maestros, a fin de perfeccionar a los santos para la obra del ministerio, para la edificación del cuerpo de Cristo"* (Efesios 4:11-12).

Si Dios envió a Jonás a Nínive antes de desatar un juicio, a ti que eres Su hijo o hija también te hablará y enseñará para que evites tener que ser castigado. Si obedeces durante esos avisos, al igual que Nínive, no tienes por qué llegar al punto de recibir juicio. Recuerda: *Relación- Acción- Transformación*. Cuando estás caminando con Dios y mantienes tu corazón dirigido hacia Él, puedes estar confiado que las aflicciones u oposiciones que enfrentas no son Dios tratando de corregirte. Acuérdate que la desobediencia es lo que acarrea ese tipo de disciplina del Señor. *Shemá.* Escucha y obedece, y te irá bien (Jeremías 38:20).

¿Qué ocurre cuando recibimos esta perspectiva? Que Dios no nos tienta. Que, aunque muchas son las aflicciones del justo, de todas ellas nos librará Jehová (Salmo 34:19). Que toda buena dádiva proviene de Él (Santiago 1:17). Que la oposición es parte de ir en la dirección correcta. Que hay que estar sometidos a Dios (Santiago 4:7). Que no tenemos que aceptar la opresión (Isaías 58:3). Que Dios no castiga sin razón, solo castiga la desobediencia. ¡Oh, esa perspectiva bíblica creará en ti una tierra fértil para que crezca la semilla de la fe que agrada a Dios! Ya no gastarás tu energía culpando a Dios de lo que no ha hecho. Dejarás de perder tiempo preguntándote: ¿Será Dios que permitió esto? Comenzarás a tomar responsabilidad de lo que *tú* estás permitiendo o no en tu vida. Esta perspectiva encenderá un fuego en tus huesos (Jeremías 20:9), el fuego del don de Dios en lo más profundo de tu ser. Asimismo, esta perspectiva te empodera en Cristo para poder salir del círculo de intimidad con Dios, día a día, a cumplir tu misión —el propósito por el cual fuiste creado. Prepara tu ser para esforzarte y resistir con valentía.

Esfuérzate con valentía

A lo largo de estas páginas hemos visto ejemplos bíblicos de la fe basada en *relación, acción y transformación* —la fe que agrada a Dios. Establecimos que hay 7 dimensiones de esa fe y que 5 de ellas dependen de mantenernos dentro de nuestro círculo de intimidad con Dios. Si haces esto, te aseguro que llegará el momento en que recibirás instrucciones u oportunidades específicas de parte de Dios para cumplir tu propósito en la Tierra. Ahora bien, **cumplir tu propósito requerirá que resistas y te esfuerces con valentía.**

JOSUÉ

Uno de los ejemplos más conocidos en la Biblia, de resistir y esforzarse con valentía, es Josué. Al punto de que un libro entero de la Biblia —que lleva su nombre— captura su vida como líder del pueblo de Israel. Escogido por Dios para ser el sucesor de Moisés (Números 27:18-19), su vida y su misión fueron entrelazadas de tal manera que mirar su vida era ver un capítulo de la historia del pueblo de Dios. De seguro has escuchado ese pasaje bíblico poderoso que incluye la frase "esfuérzate y sé valiente". Sí, vamos a cubrir ese pasaje, pero antes vamos a enfocar varios eventos importantes que marcaron la vida de Josué, antes de que Dios le catapultara hacia su destino.

- **Josué habitaba en su círculo de intimidad con Dios:** *"Y hablaba Jehová a Moisés cara a cara, como habla cualquiera a su compañero. Y él volvía a su campamento; pero el joven Josué hijo de Nun, su servidor, nunca se apartaba de en medio del tabernáculo"* (Éxodo 33:11).

- **La intimidad de Josué con Dios determinaba su visión del mundo:**

Y Josué hijo de Nun y Caleb hijo de Jefone, que eran de los que habían reconocido la tierra, rompieron sus vestidos, y hablaron a toda la congregación de los hijos de Israel, diciendo: La tierra por donde pasamos para reconocerla, es tierra buena en gran manera. Si Jehová se agradare de nosotros, Él nos llevará a esta tierra, y nos la entregará; tierra que fluye leche y miel. Por tanto, no seáis rebeldes contra Jehová, ni temáis al pueblo de esta tierra; porque nosotros los comeremos como pan; su amparo se ha apartado de ellos, y con nosotros está Jehová; no temáis.[34]

- **El tiempo de servicio de Josué le preparó para su promoción:**

    1. Josué fue ayudante y servidor de Moisés (Números 11:28, Deuteronomio 1:38).

---

34. Números 14:6-9.

2. Josué observó cómo era la relación y comunicación entre Dios y Moisés (Éxodo 33:11).

3. Josué enfrentó enemigos de Israel siguiendo las instrucciones de Moisés (Éxodo 17:9-10).

Y así llegó el día en que Dios le habla directamente a Josué, luego de la muerte de Moisés, siendo esto el comienzo del libro de Josué en la Biblia. Veámoslo:

Aconteció después de la muerte de Moisés siervo de Jehová, que Jehová habló a Josué hijo de Nun, servidor de Moisés, diciendo: Mi siervo Moisés ha muerto; ahora, pues, levántate y pasa este Jordán, tú y todo este pueblo, a la tierra que yo les doy a los hijos de Israel. Yo os he entregado, como lo había dicho a Moisés, todo lugar que pisare la planta de vuestro pie. Desde el desierto y el Líbano hasta el gran río Éufrates, toda la tierra de los heteos hasta el gran mar donde se pone el sol, será vuestro territorio. Nadie te podrá hacer frente en todos los días de tu vida; como estuve con Moisés, estaré contigo; no te dejaré, ni te desampararé. Esfuérzate y sé valiente; porque tú repartirás a este pueblo por heredad la tierra de la cual juré a sus padres que la daría a ellos. Solamente esfuérzate y sé muy valiente, para cuidar de hacer conforme a toda la ley que mi siervo Moisés te mandó; no te apartes de ella ni a diestra ni a siniestra, para que seas prosperado en todas las cosas que emprendas. Nunca se apartará de tu boca este libro de la ley, sino que de día y de noche meditarás en él, para que guardes y hagas conforme a todo lo que en él está escrito; porque entonces harás prosperar tu camino, y todo te saldrá bien. Mira que te mando que te esfuerces y seas valiente; no temas ni desmayes, porque Jehová tu Dios estará contigo en dondequiera que vayas.[35]

Nota que El Señor le *mandó* a Josué que se esforzara y fuese muy valiente. Le dijo *tres veces* este mensaje. Detengámonos aquí un momento. Pongamos esto en perspectiva: Dios, el Creador del universo, Todopoderoso Dios, Santo, Sublime y Perfecto, está

---

35. Josué 1:1-9.

hablando directamente a Josué. Aquel cuya Palabra creó todo lo que existe, cuya Palabra es ley, *enfatiza tres veces el esforzarse con valentía* en un espacio de tiempo de tan solo minutos. Piensa en esto. Dios no repitió Sus comandos durante la creación, no obstante, se toma el tiempo de reiterar "esfuérzate y sé valiente" ¡**tres veces**! Sabemos que la Palabra de Dios no vuelve atrás vacía, sino que cumple el propósito por el cual ha sido enviada (Isaías 55:11). Si Dios lo repitió tres veces, es algo importante y determinante en el caminar de fe.

Josué tenía la misión de liderar al pueblo de Israel para entrar en la tierra prometida —¡la culminación de una promesa que Dios había hecho cientos de años antes!. Solo puedo imaginar cómo debió sentirse Josué. Imagina que eres el mariscal suplente, el "*back-up*" de Tom Brady. Has visto durante toda la temporada cómo ese mariscal implementaba magistralmente las jugadas dadas por el *coach*. Una que otra vez, pocas veces, jugaste algunos minutos, pero siempre sabías cuál era tu rol. Al final de la temporada te encuentras en el Super Bowl, pero hay un "pequeño" detalle: el mariscal de campo no va a jugar. Te enteras de que, en ese último partido, serás tú quien tendrá que implementar las jugadas y la estrategia del *coach*. ¡Tendrás que liderar el equipo! ¿Puedes imaginar ese sentimiento? Ahora multiplícalo por 100 y tal vez te estés acercando a lo que probablemente sintió Josué en ese instante. Y fue en ese momento cuando Dios le mandó a esforzarse con valentía. Pero, ¿por qué tres veces? Hay una razón principal y varias implicaciones:

1. **La magnitud de tu misión determina el nivel del esfuerzo requerido para cumplirla**: La misión de Josué era crítica. De igual forma, la Biblia muestra cómo todos los hombres de Dios se esforzaban en gran manera de acuerdo con la magnitud de sus respectivas misiones, sus propósitos, de parte de Dios. Mira la vida de Pablo, por ejemplo, y verás una vida con un nivel de oposición extremo, sin embargo, él logró correr su carrera y ser victorioso *a pesar* de la oposición, esforzándose valientemente —prisiones, apedreadas, naufragios, frío,

hambre. Mientras, a Pablo se le encomendó llevar el evangelio a los gentiles.

2. **Ante la adversidad, el nivel de tu esfuerzo no sobrepasará el nivel de tu valentía**: Josué se atrevió a cruzar el Jordán y conquistar la tierra prometida, ciudad por ciudad. Se esforzaba hasta ver la victoria de parte de Dios, una y otra vez. Saúl, por otro lado, al enfrentar a Goliat solo se esforzaba en presentar al ejército de Israel en el campo de batalla, pero no iba más allá. No llegaba al punto de luchar contra Goliat. Día tras día se repetía el ciclo: ambos ejércitos se presentaban en el campo de batalla y Goliat comenzaba a retar al pueblo de Dios, incluyendo a Saúl, y este no lo enfrentaba. Hasta que un día llegó a la escena alguien con un nivel de valentía mayor: David. Ese grado mayor de valentía le llevó a esforzarse más que Saúl, desatando así la salvación de parte de Dios (1 Samuel 17).

3. **El nivel de tu valentía no sobrepasará el nivel de la firmeza de tu fe en el Señor:** Josué estaba muy firme en su caminar con Dios:

> Y si mal os parece servir a Jehová, escogeos hoy a quién sirváis; si a los dioses a quienes sirvieron vuestros padres, cuando estuvieron al otro lado del río, o a los dioses de los amorreos en cuya tierra habitáis; pero yo y mi casa serviremos a Jehová.[36]

De igual modo, David tenía una certeza absoluta en el poder y el carácter de Dios, tal como se puede ver en 1 Samuel 17:37: *"Añadió David: Jehová, que me ha librado de las garras del león y de las garras del oso, Él también me librará de la mano de este filisteo…"*. Igual ocurre con todos los valientes que han vivido para Dios.

---

36. Josué 24:15.

4. **El nivel de firmeza de tu fe no sobrepasará el nivel de tu intimidad con Dios**. *Relación, acción, y transformación*. Ya hemos visto cómo Josué permanecía en el tabernáculo. David, por su parte, pasaba tiempo adorando en su círculo de intimidad con Dios. Podemos leer el libro de los Salmos en la Biblia, escrito en su mayoría por David. Por otro lado, tenemos la vida de Sansón, quien se salió de ese círculo de intimidad con Dios; por un tiempo siguió haciendo proezas, pero las consecuencias de ello y su vida en pecado le alcanzaron de tal manera que no pudo cumplir su propósito hasta que no arregló su vida de intimidad con Dios (Jueces 13-16).

Un detalle muy importante es que Dios, en Su infinita sabiduría, entrelaza el *esfuerzo* con la *valentía*. Por otro lado, nosotros como humanos tendemos a separarlos. Piensa en esto, todo héroe de la fe tenía y tiene que demostrar ambas facetas: el *esfuerzo,* porque *"la fe sin obras es muerta"* (Santiago 2:20); y valentía, porque a Dios le agrada hacer cosas imposibles a través de sus siervos, glorificar Su nombre. ¿Recuerdas a Gedeón? Dios decidió salvar al pueblo de Israel con solo 300 hombres: *"... no sea que se alabe Israel contra Mí, diciendo: Mi mano me ha salvado"* (Jueces 7:2). Y así, reiteradamente, nuestro Dios se glorifica en hacer lo imposible en y a través de aquellos que se atreven a obedecerle. La valentía en el creyente es más que un sentimiento, es una expresión de su *obediencia* a Dios *a pesar de los sentimientos, sabiendo* que *"...No con ejército, ni con fuerza, sino con Mi Espíritu, ha dicho Jehová de los ejércitos"* (Zacarías 4:6). Con esa convicción activamos nuestra fe para esforzarnos *con* valentía.

Estar muy ocupados requiere esfuerzo, pero no necesariamente valentía. Como humanos, tendemos a ocuparnos en muchas cosas que no tienen que ver con nuestra misión o propósito; cosas que no tienen que ver con el Reino de Dios. Cuando nos salimos del círculo de intimidad con Dios, lo material comienza a tomar, más y más, nuestra atención. Otra palabra para ese tipo de preocupación y esfuerzo es *afán*. La Palabra nos exhorta *"Por nada estéis afanosos, sino sean conocidas vuestras peticiones delante de Dios en toda oración y ruego, con acción de gracias. Y la paz de Dios, que sobrepasa todo entendimiento, guardará vuestros corazones y vuestros pensamientos en Cristo Jesús"* (Filipenses 4:6-7). Así que recuerda, ser esforzado no es lo mismo que estar afanado, pues en el afán no hay fe en el Señor. El que se afana se ocupa confiando en sus propias fuerzas, con pocos o ningún resultado. El que se esfuerza siguiendo las instrucciones de Dios tendrá que ser valiente:

> Dijo luego a sus discípulos: Por tanto os digo: No os afanéis por vuestra vida, qué comeréis; ni por el cuerpo, qué vestiréis. La vida es más que la comida, y el cuerpo que el vestido. Considerad los cuervos, que ni siembran, ni siegan; que ni tienen despensa, ni granero, y Dios los alimenta. ¿No valéis vosotros mucho más que las aves? ¿Y quién de vosotros podrá con afanarse añadir a su estatura un codo? Pues si no podéis ni aun lo que es menos, ¿por qué os afanáis por lo demás? Considerad los lirios, cómo crecen; no trabajan, ni hilan; mas os digo, que ni aun Salomón con toda su gloria se vistió como uno de ellos.[37]

Ser valiente no es simplemente no tener o sentir miedo. Si no tengo miedo, pero no hago lo que el Señor me pide —no me esfuerzo—, igual estaría en desobediencia. La valentía no es lo mismo que hacer actos osados, tampoco es un estado de ánimo. En el Reino de Dios, la valentía es poner tu fe en acción como respuesta a una instrucción de Dios específicamente para *ti*. Si Gedeón va con 300 hombres a luchar sin que Dios le hubiese dado esa instrucción, sería considerado un loco temerario y fácilmente derrotado. Sin embargo, como lo hizo en obediencia a una instrucción del Señor para él, ¡boom!, venció y es recordado como un héroe de la fe. Nunca se enfatizará demasiado la importancia del círculo de intimidad con Dios para desarrollar tu fe, pues es allí dentro donde Dios te da Su visión e instrucción para que cumplas Su propósito.

---

37. Lucas 12:22-31.

Resiste en obediencia

Todo ejército que quiere vencer tiene que ser capaz tanto de *conquistar* como de *defender* territorios. En otras palabras, como creyentes, no es suficiente ir hacia adelante, sino que también hay que resistir el contraataque del enemigo para no retroceder. No podemos dar un paso al frente, en conquista, y tres pasos hacia atrás, en retirada. Por eso, el caminar de fe es una combinación de *esforzarse valientemente y resistir en obediencia.* Ya vimos en Josué un ejemplo de esforzarse o ganar territorio en el plan de Dios. Veamos algunos ejemplos bíblicos de *resistir* o no ceder terreno al enemigo:

Sadrac, Mesac y Abed-nego

Muy probablemente has escuchado la historia de los jóvenes, Sadrac, Mesac, y Abed-nego. Ellos, al igual que Daniel, fueron llevados en cautiverio a Babilonia cuando estos invadieron a Israel. Sus nombres quedaron plasmados en las páginas de la Biblia por su devoción y fidelidad hacia Dios sobre todas las cosas. El primer capítulo del libro de Daniel cuenta cómo fueron escogidos para estar y servir en el palacio del rey de Babilonia, Nabucodonosor; por eso pasaron un proceso de aprendizaje y preparación de tres años. Durante ese tiempo, su comida sería la misma que comía el rey, lo cual era un problema. Comer del menú babilónico implicaba desobedecer la ley de Dios, pues incluía alimentos considerados inmundos. Tenían una decisión que tomar. ¿Violentarían su caminar con Dios o permanecerían firmes? ¿Cederían terreno al enemigo en sus vidas o resistirían? Los jóvenes decidieron resistir. En este caso resistir conllevó rehusar la comida del rey, optando por comer solamente legumbres y agua:

> Y al cabo de los diez días pareció el rostro de ellos mejor y más robusto que el de los otros muchachos que comían de la porción de la comida del rey. Así, pues, Melsar se llevaba la porción de la comida de ellos y el vino que habían de beber, y les daba legumbres. A estos cuatro muchachos Dios les dio conocimiento e inteligencia en todas las letras y ciencias; y Daniel

tuvo entendimiento en toda visión y sueños. Pasados, pues, los días al fin de los cuales había dicho el rey que los trajesen, el jefe de los eunucos los trajo delante de Nabucodonosor. Y el rey habló con ellos, y no fueron hallados entre todos ellos otros como Daniel, Ananías, Misael y Azarías; así, pues, estuvieron delante del rey. En todo asunto de sabiduría e inteligencia que el rey les consultó, los halló diez veces mejores que todos los magos y astrólogos que había en todo su reino.[38]

En ocasiones, tu resistir le dice a Dios que estás listo para recibir lo próximo que Él tiene para ti. Cuando decidieron resistir, lo hicieron por obediencia. Activaron su fe para no ceder terreno. Creyeron los mandatos de Dios y valoraron su relación con Dios. ¿Recuerdas que la definición de la fe en Hebreos 11:6 dice que Él es *galardonador de los que le buscan*? Observa que Dios les dio conocimiento e inteligencia *luego* de resistir. A Daniel le dio eso y, además, entendimiento para interpretar visiones y sueños, luego de *resistir*. La mano del Señor sobre esos jóvenes fue evidente, siendo hallados diez veces mejores que *todos* los magos y astrólogos del reino. De igual forma, la mano del Señor será evidente sobre ti cuando resistas en Sus fuerzas.

Resistir no es un acto pasivo, sino muy activo de obediencia a Dios. Sadrac, Mesac y Abed-nego tuvieron que resistir otro ataque del enemigo en una orden real de adorar un ídolo hecho por Nabucodonosor:

Habló Nabucodonosor y les dijo: ¿Es verdad, Sadrac, Mesac y Abed-nego, que vosotros no honráis a mi dios, ni adoráis la estatua de oro que he levantado? Ahora, pues, ¿estáis dispuestos para que al oír el son de la bocina, de la flauta, del tamboril, del arpa, del salterio, de la zampoña y de todo instrumento de música, os postréis y adoréis la estatua que he hecho? Porque si no la adorareis, en la misma hora seréis echados en medio de un horno de fuego ardiendo; ¿y qué dios será aquel

---

38. Daniel 1:15-20.

> que os libre de mis manos? Sadrac, Mesac y Abed-
> nego respondieron al rey Nabucodonosor, diciendo:
> No es necesario que te respondamos sobre este asunto.
> He aquí nuestro Dios a quien servimos puede librarnos
> del horno de fuego ardiendo; y de tu mano, oh rey,
> nos librará. Y si no, sepas, oh rey, que no serviremos
> a tus dioses, ni tampoco adoraremos la estatua que has
> levantado.[39]

Resistir, al igual que esforzarse en el Señor, requiere valentía. Esos tres siervos de Dios plantaron sus pies firmes obedeciendo Su Palabra. Haciendo esto activaron su fe para resistir y decirle "no" al rey más poderoso de su época. Ellos sabían que servían a un Rey mucho más poderoso —el Dios omnipotente—, Jehová de los Ejércitos. Esa certeza, esa fe, les permitía una actitud de resistir en obediencia "cueste lo que cueste". Les ataron y les echaron dentro del horno de fuego. El rey Nabucodonosor se llenó de ira y ordenó que calentaran el horno siete veces más de lo normal, al punto de que el fuego mató a los hombres que les echaron allí. Pero de repente, ¡el rey vio que había cuatro en vez de tres! El Señor los guardó, acompañándolos dentro del horno, ni un cabello se les quemó (Daniel 3:27). ¡Él te guardará de igual forma cuando llegue tu momento de resistir!

Elías

El profeta Elías experimentó el esforzarse, capturando terreno en obediencia y también el tener que resistir el contraataque. 1 Reyes, capítulo 18, describe cómo Elías enfrenta 450 profetas del dios falso Baal. En ese tiempo Acab, rey de Israel, y su esposa Jezabel, llevaban al pueblo lejos de Dios. Lee ese capítulo 18 de 1 Reyes y verás una historia de conquista maravillosa. Elías reta a los profetas de Baal a un duelo para probar quién es el verdadero Dios. El Señor responde enviando fuego del cielo, lo cual causó que el pueblo reconociera que Jehová es el único y verdadero Dios. Fue después de esa victoria que llegó el contraataque, plasmado en 1 Reyes 19:

---

39. Daniel 3:14-18.

> Acab dio a Jezabel la nueva de todo lo que Elías había hecho, y de cómo había matado a espada a todos los profetas. Entonces envió Jezabel a Elías un mensajero, diciendo: Así me hagan los dioses, y aun me añadan, si mañana a estas horas yo no he puesto tu persona como la de uno de ellos. Viendo, pues, el peligro, se levantó y se fue para salvar su vida...[40]

Luego relata cómo Elías fue al desierto y deseó morir: *"... Basta ya, oh Jehová, quítame la vida..."* (v. 4). Después se quedó dormido y fue despertado por un ángel, quien le dio de comer una torta y de beber agua (v. 5-6). Inmediatamente, Elías volvió a dormir, entonces...

> Y volviendo el ángel de Jehová la segunda vez, lo tocó, diciendo: Levántate y come, porque largo camino te resta. Se levantó, pues, y comió y bebió; y fortalecido con aquella comida caminó cuarenta días y cuarenta noches hasta Horeb, el monte de Dios.[41]

En ese monte Dios habló con Elías y le mostró lo próximo que tenía que hacer. También le reveló que él no estaba solo, sino que había un remanente de siete mil que tampoco habían adorado a Baal. ¡Hasta le reveló a quién escoger como sucesor: a Eliseo!

- **Esforzarse y resistir en el Señor requiere periodos de refrigerio.**

Vemos cómo Elías, exactamente después de uno de los milagros más asombrosos registrados en la historia, experimentó momentos de suma debilidad. Elías acababa de lidiar con 450 falsos profetas. El proceso de conquistar tuvo ramificaciones tanto físicas como espirituales. Luego de descender el fuego, la Biblia registra que Elías degolló a los 450 profetas de Baal; el efecto en Elías fue marcado. Sus "baterías" estaban desgastadas al punto de que en ese momento no pudo enfrentar a una sola mujer, Jezabel. Elías,

40. 1 Reyes 19:1-3.
41. 1 Reyes 19:7-8.

al igual que todo creyente, necesitaba recuperar sus fuerzas físicas y espirituales después de una batalla significativa. Luego de recibir refrigerio, Elías pudo continuar enfrentando y resistiendo al enemigo, obedeciendo al Señor, como solía hacer.

- **La Palabra y el Espíritu Santo traen nuevas fuerzas.**

Un ángel le dio comida y bebida a Elías. La Biblia nos enseña que el pan es símbolo de la Palabra de Dios. Jesús es el Pan de Vida (Juan 6:48). La Biblia enseña que el que cree en Jesús, de su interior correrán ríos de agua viva, símbolo del Espíritu Santo (Juan 7:38). El ángel le dio de comer y de beber a Elías para que emprendiera su viaje al monte de Dios, Horeb. La Palabra y el Espíritu Santo te fortalecerán para que puedas entrar nuevamente a tu círculo de intimidad con Dios. ¿Por qué? Porque, al igual que Elías, tu misión no ha terminado; largo camino te resta.

- **Vuelve a tu círculo de intimidad con Dios.**

Es muy interesante que *Horeb* significa "desierto" (Strong's H2722). Recuerda que en medio de tu desierto está tu Dios, solo tienes que acercarte a Él. Elías caminó hacia su misión y de repente se encontró a 40 días y cuarenta noches de camino del monte de Dios. De manera semejante, cuando estamos en medio de la lucha, aun obedeciendo a Dios, podemos perder la noción de nuestra intimidad con Él. En el día a día de conquistar o resistir, de repente sentimos la falta de tiempo dentro del círculo con Él. Si lees el resto de 1 Reyes 19, verás que cuando Elías llega a Horeb, Dios comienza a hablar con él, le ministra paz y le da instrucciones claras para seguir. Elías fue renovado dentro de su círculo de intimidad y así mismo querrá hacer Dios contigo, siempre.

Esteban

El libro de Hechos relata un vívido ejemplo de lo que es resistir. Al crecer la iglesia, Esteban fue uno de *"siete varones de buen testimonio, llenos del Espíritu Santo y de sabiduría..."* (Hechos

6:3) a quienes les fue encomendado fungir en las funciones de administración y servicio. De él se menciona, específicamente, que era un *"varón lleno de fe y del Espíritu Santo"* (v. 5) y que *"lleno de gracia y de poder, hacía grandes prodigios y señales entre el pueblo"* (v. 6). Esteban caminaba en la fe que agrada a Dios. Mas cuando continuamos viendo su vida hasta el capítulo 7, vemos un desenlace un tanto inesperado. Esteban fue acusado falsamente por religiosos judíos y, finalmente, apedreado hasta la muerte. El camino de Esteban le llevó a ser el primer mártir de la iglesia; sin embargo, Esteban resistió hasta el final, no cediendo terreno alguno al enemigo. Sus últimas palabras fueron *"Señor, no les tomes en cuenta este pecado"* (Hechos 7:60). Al leer el final de la vida de Esteban podemos sentirnos tristes; sin embargo, hay un detalle muy importante en la historia:

> Pero Esteban, lleno del Espíritu Santo, puestos los ojos en el cielo, vio la gloria de Dios, y a Jesús que estaba a la diestra de Dios, y dijo: He aquí, veo los cielos abiertos, y al Hijo del Hombre que está a la diestra de Dios.[42]

- **Resistir te permite honrar a Dios hasta el final de tu carrera.**

¿Recuerdas aquellos tres siervos de Dios en el horno de fuego? El Señor estuvo con ellos y salieron ilesos; su carrera no había terminado. Esteban, por otro lado, resistió, aunque el resultado fue morir. Su carrera había terminado y pudo honrar a Dios hasta el final, sin ceder terreno al enemigo. Solo Dios sabe si ser un mártir sea parte de tu futuro o el mío. En muchos países esto no se ve hoy día, pero en otros sí. Hermanos en Cristo, en diferentes partes del mundo, mueren por la causa del Evangelio. Mártires o no, tenemos que ser fieles hasta la muerte para obtener la corona de la vida (Apocalipsis 2:10).

---

42. Hechos 7:55-56.

- **Cuando resistes en el Señor nunca estás solo.**

Esteban murió, pero no estuvo solo. Al igual que con Sadrac, Mesac y Abed-nego, Jesús estuvo con él y pudo verlo a la diestra de Dios.

Jesús dijo que Él estaría con nosotros hasta el fin del mundo (Mateo 28:20). Cuando resistes en el Señor, nunca estás solo: *"No temas, porque yo estoy contigo; no desmayes, porque yo soy tu Dios que te esfuerzo; siempre te ayudaré, siempre te sustentaré con la diestra de mi justicia"* (Isaías 41:10).

- **Cuando resistes en el Señor te vas pareciendo más al Él.**

Nota las últimas palabras de Esteban, casi idénticas a las palabras de Jesucristo en la cruz. Jesús dijo *"Padre, perdónalos porque no saben lo que hacen"* (Lucas 23:34) y Esteban dijo *"Señor, no les tomes en cuenta este pecado"*. En medio de resistir, Esteban glorificó al Señor obedeciéndole, amándole sobre todas las cosas, y a su prójimo como a sí mismo. De igual forma Pablo, Pedro, Santiago y muchos creyentes más, resistieron hasta el final creciendo en Cristo. Ellos fueron siendo transformados a Su imagen y semejanza. Así ocurrirá contigo si te paras firme y decides no ceder terreno al enemigo, como Sadrac, Mesac, y Abed-nego; como Daniel en el foso de los leones; como Esteban y como cada hermano y hermana en Cristo que ha llegado al cielo. Tenemos que caminar en obediencia, llenos del Espíritu Santo y resistir hasta el final, ¡cueste lo que cueste!

Cuando te esfuerzas con valentía, conquistas en obediencia en el nombre del Señor. Cuando llega el contraataque, resistir en obediencia impide que le cedas terreno ya conquistado de vuelta al enemigo. Resistir es lo que haces para no dar marcha atrás, para no perder el progreso que has alcanzado en tu caminar de fe: *"Someteos, pues, a Dios; resistid al diablo, y huirá de vosotros"* (Santiago 4:7).

Esforzándote ganas territorio; resistiendo no pierdes territorio. En ambos tienes que ser valiente en Él y obedecer: *"No temas, porque yo estoy contigo; no desmayes, porque yo soy tu Dios que te fortalezco; siempre te ayudaré; siempre te sustentaré con la diestra de mi justicia"* (Isaías 41:10).

Hay momentos de ir hacia adelante, tomando pasos de fe, guiados por el Espíritu Santo de Dios. Hay otros momentos donde la fe se pone en acción *resistiendo la oposición, la tentación, y al mismo diablo.* En ambos casos, como vemos en Santiago 4:7, la obediencia es fundamental. Tanto para conquistar como para resistir, tenemos que estar en obediencia, sometidos a Dios: resiste. ¡La oposición es temporal, pero tu bendición es eterna!

En mi vida he visto ambas, la bendición de resistir y el peligro de no resistir; así como también la victoria después de no ceder terreno al enemigo, y la caída luego de capitular.

La victoria y bendición de resistir: Recuerdo que mi primer trabajo luego de terminar la universidad fue como vendedor. El horario rotaba los fines de semana, incluyendo los domingos, así que trabajaba al menos dos domingos de cada mes. No pasó mucho tiempo antes de que notara que mi caminar con Dios se estaba viendo afectado, entonces decidí renunciar sin tener un trabajo a donde ir. El gerente general me decía que si me quedaba iba a crecer en mi carrera, pero resistí; ir a la iglesia era más importante para mí. ¿El resultado? ¡Dios me proveyó un mejor trabajo en menos de dos semanas! El terreno en juego era mi consistencia en congregarme a largo plazo. Mi obediencia iba hacia la voluntad de Dios de congregarme.

El peligro y la caída al no resistir: años más tarde, cuando ya había adquirido experiencia profesional, enfrenté una situación similar. Ya no trabajaba como vendedor, sino como supervisor de manufactura. En ese tiempo fui asignado a cubrir el turno de fin de semana; en otras palabras, todos los domingos trabajaba. A diferencia de la primera vez, no activé mi fe para obedecer. Mi mente me decía que era mucho el salario que estaba en juego. Capitulé. Me decía a mí mismo que todo estaría bien, que Dios conoce mi corazón, que ir cuando pudiese a la iglesia era suficiente. Pero el epicentro era mi falta de fe, así que era imposible agradar a Dios. Con el tiempo, mi caminar se afectó más y más. El problema de ceder terreno ganado al enemigo es que le da ímpetu para conquistar más áreas de tu vida. En mi caso, terminé apartado del Señor, convirtiéndome en alguien que mi esposa y otros seres queridos no podían reconocer. Por la gracia de Dios fui rescatado, pero el no resistir por poco me cuesta TODO.

Preguntas de reflexión

1. ¿Qué puntos deseas recordar de este capítulo?

2. ¿En qué áreas te está pidiendo el Señor que aumentes tu nivel de esfuerzo?

3. ¿En qué áreas sientes que has cedido o comenzado a ceder terreno? ¿Qué puedes hacer desde hoy para recuperar o no ceder terreno al enemigo?

CAPÍTULO 9

Dimensión 7: La fe que confiesa y declara

Respondiendo Jesús, les dijo: Tened fe en Dios. Porque de cierto os digo que cualquiera que dijere a este monte: Quítate y échate en el mar, y no dudare en su corazón, sino creyere que será hecho lo que dice, lo que diga le será hecho.

Marcos 11:22-23

A cualquiera, pues, que me confiese delante de los hombres, yo también le confesaré delante de mi Padre que está en los cielos.

Mateo 10:32

Alabad a Jehová, porque él es bueno; Porque para siempre es su misericordia.

Díganlo los redimidos de Jehová, Los que ha redimido del poder del enemigo.

Salmo 107:1-2

En mi primer o segundo año de universidad tuve un profesor italiano que enseñaba Humanidades. Por alguna razón de currículo, en varias ocasiones él hizo preguntas que tenían que ver con personajes bíblicos. En esas ocasiones solo yo contestaba —la universidad no era cristiana y no sé si algún otro de los veintitantos compañeros de clase conocía al Señor. Recuerdo que, como en la tercera ocasión que esto ocurrió, el profesor dijo: *"Esta es la tercera vez que contestas una pregunta sobre la Biblia. Pasa acá al frente y dinos por qué"*. Fue una situación singular, pues no se acostumbraba poner a los alumnos de pie para contestar, mucho menos ir al frente; pero el Señor me dio fuerzas en ese momento para confesarle ante los hombres. Miré a los más de veinte alumnos y al profesor, y dije: "Lo que pasa es que Jesús es mi mejor amigo y Señor de mi vida, y también quiere ser el de ustedes", o algo así... No recuerdo las palabras exactas, pero sí recuerdo que le confesé ante ese grupo, a pesar de lo imprevisto e incómodo, humanamente hablando. No hay confesión más importante que confesarle delante de los demás.

La confesión de fe

Si hubiese escrito un libro sobre la fe hace veinte años, la confesión de fe hubiese sido la primera —y tal vez la única— dimensión que hubiese abordado. Desde los dieciséis hasta los treinta y tantos años de edad, el Señor me permitió ser parte de iglesias locales donde se enseñaba el poder de la confesión de fe. Se enseñaba que las palabras son sumamente importantes. Mateo 12:36-37 dice: *"Mas yo os digo que de toda palabra ociosa que hablen los hombres, de ella darán cuenta en el día del juicio. Porque por tus palabras serás justificado, y por tus palabras serás condenado"*.

Por lo tanto, tenemos que ser muy cuidadosos con lo que decimos; yo tomé esta enseñanza muy en serio desde entonces. En nuestro hogar, mi esposa y yo hemos enseñado lo mismo a nuestros hijos;

sin embargo, en mi caminar de fe he descubierto que confesar y declarar, al igual que las otras dimensiones de la fe, necesitan estar basadas en una relación de amor e intimidad con Dios. Hoy esta dimensión es última en mi lista, no porque sea menos importante, sino porque es esencial enfocar las otras seis primero.

Esta es un área donde se ha distorsionado una verdad bíblica, haciendo que muchos creyentes se sientan reacios a abrir sus bocas para activar su fe. Por otro lado, hay quienes enseñan este principio, pero sin enfocar al mismo nivel la santidad y el ir más profundo en el Señor. ¿El resultado? En un extremo hay creyentes que, en vez de declarar palabras de fe, confiesan enfermedad, escasez y derrota. En otro extremo hay creyentes que actúan como si la confesión de fe fuese una lámpara de Aladino, enfocados únicamente en lo material. Ninguno de esos extremos se alinea con la verdad de la fe que confiesa y declara a la luz de la Palabra. Veamos varios ejemplos bíblicos sobre la fe que confiesa y declara:

Si buscas en el internet las definiciones de *confesión* y *declarar,* encontrarás algo parecido a estas basadas en Oxford Languages, a través de su link www.languages.oup.com.

Confesión: verbalizar algo que antes no se había hecho explícito.

Declarar: exponer una cosa públicamente. Cuando una autoridad manifiesta su decisión acerca de algo.

[Cabe aclarar que cuando utilizamos el término "confesión" en este libro, no nos referimos a revelar un pecado nuestro a otra persona, por ejemplo. Aquí nos referimos al significado de "verbalizar tu fe" o decir lo que crees en tu corazón en voz alta].

David y Goliat

La historia de cómo David venció a Goliat es probablemente uno de los milagros más conocidos; un joven pastor de ovejas contra un gigante literal. El relato, encontrado en 1 Samuel capítulo 17, es un cuadro maravilloso de cómo nuestro Dios nos da la victoria aun en medio de la peor adversidad, enfrentando enemigos poderosos. Asimismo, contiene varios principios clave sobre la fe que confiesa y declara:

- **La confesión precede al desenlace:** En 1 Samuel 17:26 David dijo en alta voz, *antes de enfrentar y vencer* a Goliat: "*... ¿quién es este filisteo incircunciso, para que provoque a los escuadrones del Dios viviente?*". El verso 30 explica que David expresó esas palabras en más de una ocasión. Su actitud ante la situación, expresada en su confesión, le llevó ante personas de autoridad. En ese caso, ante el rey Saúl. Ese fue solo el comienzo. Ante el rey, David declaró: "*No desmaye el corazón de ninguno a causa de él* [Goliat]*; tu siervo* [David] *irá y peleará contra el filisteo*" (v. 32-33). David se mantuvo activo en su confesión de fe hasta que Goliat cayó al suelo, vencido. Sin embargo, su confesión ya estaba en acción antes de enfrentar al gigante. En la Palabra lo vemos una y otra vez; la confesión de fe precede a la acción y al desenlace. Por ejemplo, en Hechos 3:6-8, Pedro dice al paralítico "*no tengo plata ni oro, pero lo que tengo te doy; en el nombre de Jesucristo de Nazaret, levántate y anda*" (confesión). Luego le toma por la mano y le levanta (acción), entonces "*al momento se le afirmaron los pies y tobillos*" (desenlace). Cuando lees los evangelios, ¿acaso Jesús no declaraba con su boca antes de que se realizara el milagro? En la situación que estás enfrentando, tu confesión precederá al desenlace.

- **La confesión de fe atrae oposición:** Esa oposición puede incluso proceder de personas muy cercanas a ti. En el caso de David, observa la reacción de su hermano mayor:

Y oyéndole hablar Eliab su hermano mayor con aquellos hombres, se encendió en ira contra David y dijo: ¿Para qué has descendido acá? ¿Y a quién has dejado aquellas pocas ovejas en el desierto? Yo conozco tu soberbia y la malicia de tu corazón, que para ver la batalla has venido.[43]

¡Su propio hermano trató de apagar la confesión y el progreso de David! Cuando comienzas a declarar y confesar en fe, enfrentarás oposición. A continuación, varias maneras en que esta oposición se manifiesta:

1. ***Cuestionar tu habilidad de impactar tu entorno.*** Eliab le preguntó a David: "*¿Para qué has descendido acá?*". Lo que implicaba su pregunta era que David no pertenecía allí y que no añadía nada de valor a la situación. Cuando comienzas a verbalizar tu confesión de fe, la oposición tratará de hacer que cuestiones tu habilidad de hacer la diferencia.

2. ***Minimizar tus experiencias de desarrollo.*** La segunda estrategia de la oposición a tu confesión de fe es minimizar tu experiencia. Eliab hizo esto en la forma en que preguntó a David por sus ovejas: "*¿… y a quién has dejado aquellas pocas ovejas en el desierto?*". La oposición querrá que pienses que tu misión anterior era "poca cosa" para que dudes de tu capacidad de cumplir tu próxima asignación; sin embargo, tú, al igual que David, ¡tienes la oportunidad de caminar con Dios y ser fuerte en Él! Lo que Eliab veía como poca cosa era en realidad lo que Dios utilizó como campo de adiestramiento para el destino de David; tanto así que cuando David vio al ejército de Israel y a Goliat, inmediatamente lo igualó a un rebaño amenazado por un depredador. Ese campo de entrenamiento despreciado por Eliab fue lo que preparó a David para responder a ese enemigo de la misma forma que con su rebaño, defendiendo las ovejas en el nombre del Señor.

---

43. 1 Samuel 17:28.

3. ***Recordarte tu desierto.*** Eliab se aseguró de mencionarle a David el *desierto* que dejó atrás. *"¿Y a quién has dejado aquellas pocas ovejas en el desierto?"*. La oposición a tu confesión de fe tratará de enfocar tu mirada en el desierto que dejaste atrás; ese desierto de donde te sacó el Señor. ¿Por qué tratar de hacerte mirar hacia desiertos pasados? Porque tu destino y tu misión están delante de ti, no detrás. Si la oposición logra que te enfoques en tus desiertos pasados, no podrás conquistar el terreno que Dios te ha puesto adelante.

4. ***Juzgar erróneamente tus intenciones.*** Pocas cosas pueden desestabilizar los sentimientos de un creyente tanto como que juzguen mal sus intenciones. Es muy probable que recuerdes situaciones en tu vida donde estuviste sirviendo, tratando de ayudar a otros, cuando sin explicación se levantaron personas juzgando tu corazón de manera completamente equivocada. Tal vez esa experiencia te ha hecho abandonar parte de tu misión. Eso es exactamente lo que quiere la oposición, que regreses atrás *antes de vencer a Goliat.* ¡No! Toma tu honda y tus piedras, mira hacia adelante y camina por la senda que Dios ha trazado para ti. Hazlo, aunque tus seres queridos, amigos cercanos o el mundo entero, juzguen mal tus intenciones; solo así enfrentarás y vencerás a tu Goliat. Solo así caminarás en el propósito de Dios. Solo así verás la Gloria del Señor en y a través de tu vida.

- **La confesión activa y fortalece tu fe.** Algo ocurre en esta historia, lo cual es muy interesante. La confesión de David y su fe van creciendo exponencialmente.

  1. David comenzó simplemente expresando un **contraste entre Goliat e Israel**: enemigo fuera

del pacto —"incircunciso"— versus su pueblo, dentro de un pacto con Dios.

2. Luego, su confesión crece cuando le dice al rey Saúl que el **pelearía contra ese filisteo.**

3. Después **testifica cómo Dios lo había librado en el pasado** (v. 34 y 35).

4. Entonces **hace una declaración** categórica: "... *Jehová, que me ha librado de las garras del león y de las garras del oso, él también me librará de la mano de este filisteo...*" (v. 37).

5. Su **confesión y su fe crecieron de manera paralela** al punto de que, a la hora de la verdad, en el campo de batalla David le dice a Goliat:

Tu vienes contra mí con espada, lanza y jabalina; mas yo vengo a ti en el nombre de Jehová de los ejércitos, el Dios de los escuadrones de Israel, a quien tú has provocado. Jehová te entregará hoy en mi mano, y yo te venceré, y te cortaré la cabeza, y daré hoy los cuerpos de los filisteos a las aves del cielo y a las bestias de la tierra; y toda la tierra sabrá que hay Dios en Israel. Y sabrá toda esta congregación que Jehová no salva con espada y con lanza; porque de Jehová es la batalla, y Él os entregará en nuestras manos.[44]

Tu confesión tiene el poder de activar, avivar y fortalecer tu fe.

- **La confesión no sustituye la acción.** David, en medio de ese momento determinante en su vida, no solamente confesó sino que también actuó:

… Y tomó su cayado en su mano, y escogió cinco piedras lisas del arroyo, y las puso en el saco pastoril,

---

44. 1 Samuel:45-47.

en el zurrón que traía, y tomó su honda en su mano, y se fue hacia el filisteo.[45]

David se preparó con una honda y piedras, herramientas que Dios podría usar. En el caso de Moisés fue una vara. Ambos tomaron sus herramientas en sus manos y se atrevieron a usarlas, no las dejaron en sus casas. Y David lo que no tenía, las piedras lisas, las buscó *antes de ir al campo de batalla.* ¿Qué herramientas necesitas para pelear la batalla que tienes enfrente? Pide al Señor que te muestre en qué áreas necesitas *preparación para llevar a cabo tu misión.* Solo recuerda que la acción y la preparación deben ser *resultado* de tu fe y no de tu incredulidad. Si lo que está detrás de tu acción y preparación es incredulidad, ya no sería un paso de fe. David fue al arroyo en fe y como parte de su preparación, no a esconderse a causa de incredulidad o duda. De igual forma, haz que tu acción y tu preparación sean reflejo de tu fe en tu Dios.

- **La confesión glorifica al Señor.** Al igual que David, confiesa tu fe en tres diferentes niveles:

    1. *En tu día a día.* David comenzó a verbalizar su fe ante personas que no eran líderes del ejército, personas en posiciones similares a las de él en aquel momento. Una aplicación de esto sería en tu rutina diaria. La confesión de fe del creyente debe fluir de su caminar con Dios día a día.

    2. *En tu promoción.* David declaró y confesó su fe ante los oficiales del ejército israelita y luego frente al mismo rey Saúl. Una aplicación de este punto es el nivel de *la promoción.* Cuando el Señor te lleve a interactuar con personas en posiciones de influencia no cambies tu confesión;

---

45. 1 Samuel 17:40.

por el contrario, que tu promoción sea una plataforma para tu confesión de fe.

3. *En tu batalla.* David se mantuvo firme en su confesión, aun frente a todo el ejército filisteo, incluyendo a Goliat. De igual manera, tu confesión de fe tiene que estar presente en la batalla, de forma tal que lo que hayas recibido en tu corazón, en tu intimidad con Dios, dé vida a una declaración poderosa de fe y confianza en Él.

¿Cuál es la importancia de mantener viva nuestra confesión de fe en cada uno de esos tres niveles? Que nuestro Señor sea glorificado siempre. David no llegó y simplemente derrotó a Goliat. No. David con su confesión puso, una y otra vez, el enfoque en el poder de Dios y Su bondad. Así, cuando Dios obró a su favor, todos, desde el menor al mayor y hasta el ejército enemigo, sabían que había sido Dios quien había hecho el milagro. Aprendamos de David. Que tu confesión de fe te acompañe en cada lugar donde Dios te lleve; así, cuando se desaten milagros a tu favor, todos sabrán que fue Jehová tu Dios quien lo hizo.

La fe viene por el oír

La Biblia nos enseña en Romanos 10:17 que: *"Así que la fe es por el oír, y el oír, por la palabra de Dios".* Si lees con detenimiento los libros como el de Isaías, Jeremías o el resto de los profetas, antes de ellos *declarar* las profecías primero "vino palabra de Jehová". La fe que tenían para declarar la profecía estaba conectada por el haber oído la palabra de Dios. ¿Sabes lo fortalecido que te sientes cuando escuchas una predicación ungida? ¿Sabías que esa fortaleza no solo la consigues cuando escuchas predicaciones? Si comienzas a confesar la Palabra de Dios en voz alta, notarás que el ambiente en tu interior y a tu alrededor comenzará a cambiar.

Existe una conexión entre el oír la palabra de Dios y la fe. El mayor ejemplo es cómo somos fortalecidos al hablar en otras lenguas que son palabras dadas por el Espíritu Santo de Dios (1 Corintios 14:4, Hechos 2:4). También puedes percatarte, a través de los Salmos, las veces que el salmista comienza acongojado, pero al terminarlo está lleno de fe; por ejemplo, ve el Salmo 13. El escuchar la Palabra de Dios tiene resultados poderosos. ¡El universo fue creado por Su palabra! Cuando alineas tu confesión a la Palabra, la verdad de Dios, notarás que tanto tu confesión como tu fe van en aumento. Haz esta prueba, comienza a leer la Biblia en voz alta como parte de tu tiempo devocional; hazlo a un volumen donde puedas escuchar la Palabra en tus oídos. Inténtalo 30 días seguidos y documenta los resultados. La Biblia no miente, llena tus oídos con la Palabra de Dios. ¡Activa tu fe!

Moisés, faraón y un duelo de culebras

Hace unos años salió un video, tipo entrevista documental, donde diferentes personas con distintos grados de fama compartían "la clave" de su éxito. Explicaban la forma en que sus confesiones diarias atraían a ellos lo que deseaban: ventas de sus libros, éxito en general, y así por el estilo. Varios creyentes con quien yo compartía en ese entonces me recomendaron ver el video. Decían que "contenía verdad, aunque ellos no saben que la tienen". No doy el título del documental, pues estoy convencido de que lo presentado en ese video es una distorsión sobre lo que es la confesión de fe. Si escuchas a los famosos, encontrarás que es común que hagan "confesiones" y agradezcan "al universo" a diario. Esta distorsión es muy similar a lo que ocurrió en los tiempos de Moisés, un *duelo de culebras*:

> Vinieron, pues, Moisés y Aarón a Faraón, e hicieron como Jehová lo había mandado. Y echó Aarón su vara delante de Faraón y de sus siervos, y se hizo culebra. Entonces llamó también Faraón sabios y hechiceros, e hicieron también lo mismo los hechiceros de Egipto con sus encantamientos; pues echó cada uno su vara,

las cuales se volvieron culebras; mas la vara de Aarón devoró las varas de ellos.[46]

Si la confesión de fe fuese simplemente una manera de poder conseguir lo que deseo (dinero, fama, propiedades, etc.), entonces no sería diferente a la confesión mística del mundo y sus creencias en el "universo" y la nueva era. Creencias que dicen que para obtener "más" se use "el pensamiento y las confesiones positivas". Por cada cristiano que encuentres que tira su vara —"Mira, yo confieso bendición en el Nombre de Jesús para mi vida y me va bien"— encontrarás también varios no creyentes que tirarán las suyas —"Yo hago mis confesiones positivas al universo y me va bien también". ¿Lo ves? Duelo de culebras. Aunque el resultado es parecido, no es igual. Es como contrastar dinero real con dinero falso. Probablemente, si pones uno al lado del otro, no podrías diferenciarlos con facilidad. Mas si miras cuidadosamente, verás diferencias marcadas. Al final, la vara de Aarón venció. ¿Qué hizo la diferencia entre Moisés y Aarón versus los magos del faraón? ¿Cuál es la diferencia entre la confesión de fe del creyente y la confesión del mundo? Veamos la respuesta en la Palabra de Dios:

- **El milagro no se originó en las palabras, sino en el círculo de intimidad con Dios.**

Y Jehová dijo: ¿Qué es eso que tienes en tu mano? Y él respondió: Una vara. Él le dijo: Échala en tierra. Y él la echó en tierra, y se hizo una culebra; y Moisés huía de ella. Entonces dijo Jehová a Moisés: Extiende tu mano, y tómala por la cola. Y él extendió su mano, y la tomó, y se volvió vara en su mano.[47]

El duelo de culebras ocurre en el capítulo 7 del libro de Éxodo. Sin embargo, *antes, como se puede ver* en los capítulos 3 y 4, Moisés tuvo un encuentro con Dios, que cambió el rumbo de su vida y desató su destino. Allí Dios se reveló a Moisés cuando vio una zarza que ardía y no se consumía. Fue allí donde Moisés experimentó su círculo de intimidad con Dios

---

46. Éxodo 7:10-12.
47. Éxodo 4:2-4.

por primera vez. Si lees el resto de ese capítulo, verás que Dios le reveló otros milagros futuros, además de convertir la vara en culebra; milagros que formarían parte de las diez plagas de Egipto fueron revelados en ese círculo de intimidad. Desde ahí en adelante, Moisés recibía instrucciones en su intimidad con Dios, que luego él implementaba en el día a día. Nota que el echar la vara para que ocurriera un milagro estuvo directamente conectado a ese círculo íntimo entre Dios y Moisés. Si lees el resto de los libros del Pentateuco, verás el mismo patrón: Moisés en intimidad con Dios recibe instrucciones que luego obedece poniendo en acción. *Shemá*. La confesión de fe no está exenta de la obediencia. ¿Cómo podemos hacer que nuestra confesión de fe sea diferente a la confesión mística del mundo? La respuesta está en hacer que nuestra confesión se origine en nuestra intimidad con Dios.

- **El milagro de Moisés y Aarón impulsaba el propósito de Dios.**

"Por esto creerán que se te ha aparecido Jehová, el Dios de tus padres, el Dios de Abraham, Dios de Isaac, y Dios de Jacob" (Éxodo 4:5).

El milagro de la vara de Aarón *estaba ligado al plan de Dios*. Por otro lado, las varas de los magos hechas culebras estaban ligadas al propósito del rey de Egipto. El faraón era la expresión máxima del egoísmo, mientras que el Señor quería traer libertad a Su pueblo.

¿Qué propósito está detrás de tu confesión?

Desligar la confesión de fe del propósito de Dios da paso al egoísmo. La verdadera confesión de fe se alinea al propósito de Dios; no solo para tu vida, sino para las vidas que Dios pone a tu cargo. Al igual que Moisés, solo puedes descubrir Su propósito encontrándote con Él y Su fuego.

- **Con el tiempo, la diferencia entre ambas varas fue evidente.**

Cuando Dios está en el asunto, la diferencia es evidente. Al comienzo parecía que los magos habían logrado igualar al siervo de Dios; sin embargo, el pasar del tiempo trajo la verdad a flote: las tinieblas no pueden vencer a nuestro Dios. Al final, solo la vara de Aarón quedó. Había una diferencia enorme y es que Dios respaldaba a Moisés, pues este solo ejecutaba Sus instrucciones. Unos obedecían al faraón, Moisés obedecía a Dios. Hoy día algunos hacen confesiones buscando su propia voluntad. El creyente confiesa, deseando ver la voluntad de Dios revelada en Su Palabra. Si tu confesión de fe está alineada al plan de Dios, el tiempo lo mostrará. La diferencia será evidente.

- **La vara de Dios.**

Y Jehová dijo: ¿Qué es eso que tienes en tu mano? Y él respondió: Una vara.[48]

Entonces Moisés tomó su mujer y sus hijos, y los puso sobre un asno, y volvió a tierra de Egipto. Tomó también Moisés la vara de Dios en su mano.[49]

Nota que Moisés, en su encuentro con Dios y Su fuego, en Éxodo 4:2, llevaba consigo una vara; sin embargo, cuando salió de ese encuentro algo cambió. El versículo 20 dice que era "la vara de Dios". En ese encuentro, en ese círculo de intimidad, Dios se convirtió en el Dios de Moisés y, a la misma vez, Moisés se convirtió en un siervo *de* Dios. Por decirlo así, se convirtió en el *"Moisés de Dios"*. ¡Oh, internaliza esto! Dios no es solamente tu Dios, sino que también *tú eres de Él*. Eso incluye todo lo que te concierne. En el caso de Moisés, la vara dejó de ser de Moisés, era de Dios. Cuando confiesas y declaras en fe, ¿usas tus palabras

---

48. Éxodo 4:2.
49. Éxodo 4:20.

o las de Dios? Recuerda que al igual que Moisés, ya no es *tu* vara, ya no son tus palabras, son de Él.

¿Lámpara de Aladino?

Hay un refrán que dice: "No todo lo que brilla es oro". Mejor aún, la Palabra nos dice en Proverbios 3:7 que no seamos sabios en nuestra propia opinión, sino que temamos a Jehová y nos apartemos del mal. También se nos advierte en Proverbios 14:12 que: *"Hay camino que al hombre le parece derecho, mas su fin es camino de muerte".*

En otras palabras, cosas que puedan parecer con sentido en nuestras mentes, podrían estar opuestas al diseño y al propósito de Dios. Ya sabemos que el mundo tiene su versión distorsionada de la confesión: repetir en voz alta lo que se desea.

El enfoque del no creyente es maximizar lo que obtiene y logra en la vida. Lo que ellos desean es una lámpara de Aladino. En el cuento, Aladino tenía solo tres deseos que pedir al genio que vivía dentro de la lámpara. En la vida real, a diferencia del cuento, esta fórmula mística pareciera ofrecer deseos ilimitados.

"¡Vive tu mejor vida, una confesión a la vez!".

Mira lo que enseña nuestro Señor al respecto en Su Palabra:

> Porque todo el que quiera salvar su vida, la perderá; y todo el que pierda su vida por causa de mí y del evangelio, la salvará. Porque ¿qué aprovechará al hombre si ganare todo el mundo, y perdiere su alma?[50]

> Y decía a todos: Si alguno quiere venir en pos de mí, niéguese a sí mismo, tome su cruz cada día, y sígame. Porque todo el que quiera salvar su vida, la perderá; y todo el que pierda su vida por causa de mí, éste la

---

50. Marcos 8:35-36.

> salvará. Pues ¿qué aprovecha al hombre, si gana todo el mundo, y se destruye o se pierde a sí mismo?[51]

> El que ama su vida, la perderá; y el que aborrece su vida en este mundo, para vida eterna la guardará.[52]

Recuerdo predicaciones que escuché cuando joven, en las que se enseñaba al pueblo a "confesar" las cosas materiales que quería recibir del Señor. Si querían un carro, confesaran o dieran "gracias" una y otra vez por el color, la marca, y así por el estilo... Si recibir cosas fuese para lo único que activáramos nuestra confesión de fe, no seríamos diferentes al mundo y su "lámpara de Aladino". Mas como creyente tú has sido comprado a precio de la preciosa sangre de Jesucristo, por lo tanto, eres llamado a vivir de una manera muy diferente al mundo. Gracias al Señor por enseñarnos el enfoque correcto en Su Palabra:

> Mas tú, cuando ores, entra en tu aposento, y cerrada la puerta, ora a tu Padre que está en secreto; y tu Padre que ve en lo secreto te recompensará en público. Y orando, no uséis vanas repeticiones, como los gentiles, que piensan que por su palabrería serán oídos. No os hagáis, pues, semejantes a ellos; porque vuestro Padre sabe de qué cosas tenéis necesidad, antes que vosotros le pidáis. Vosotros, pues, oraréis así: Padre nuestro que estás en los cielos, santificado sea tu nombre. Venga tu reino. Hágase tu voluntad, como en el cielo, así también en la tierra. El pan nuestro de cada día, dánoslo hoy.[53]

Se trata de Su Reino y de Su voluntad en el mundo, en tu entorno y en tu vida, sin *vanas repeticiones.* ¡Gloria a Dios!

---

51. Lucas 9:23-25.
52. Juan 12:25.
53. Mateo 6:6-11.

Deléitate en el Señor

La manera en que Dios trabaja, en cuanto a la bendición material, muchas veces va en contra de la lógica humana. Muy probablemente has leído o escuchado este verso:

> *"Deléitate asimismo en Jehová, Y él te concederá las peticiones de tu corazón"* (Salmo 37:4).

Si tomamos la manera "lámpara de Aladino" de confesión, comenzaríamos a repetir este verso, una y otra vez, añadiendo carros, casas, aviones, propiedades, promociones, o cualquier otra cosa material que queramos. Y como tenemos un verso bíblico, pues pensamos que esto es una confesión de fe. El tiempo comenzará a pasar y es muy probable que no veas nada de lo que estás confesando. ¿Será que la Palabra no funciona? ¿O será que *nosotros* tenemos que cambiar? Profundicemos un poco más sobre este verso; deleitarse en Jehová no es simplemente visitar una iglesia. Observa lo que nos enseña la Palabra. Isaías nos dice:

> Si retrajeres del día de reposo tu pie, de hacer tu voluntad en mi día santo, y lo llamares delicia, santo, glorioso de Jehová; y lo venerares, no andando en tus propios caminos, ni buscando tu voluntad, ni hablando tus propias palabras, entonces te deleitarás en Jehová; y yo te haré subir sobre las alturas de la tierra, y te daré a comer la heredad de Jacob tu padre; porque la boca de Jehová lo ha hablado.[54]

Ahora bien, cuando vemos Salmo 37:4 a la luz de Isaías 58:13-14, la esencia del verso es evidente:

> Si buscas y haces la voluntad de Dios y no la tuya. Si andas en el camino de Dios y no en los tuyos. Si hablas las palabras de Dios y no las tuyas [entonces] Él te concederá las peticiones *de tu corazón*.

---

54. Isaías 58:13-14.

¡Qué diferencia! ¿Recuerdas que "Edén" significa "deleite"? Adán y Eva dejaron ese lugar de deleite al hacer su propia voluntad, caminar su propio camino y hablar sus propias palabras diciendo "sí" a lo que debían decir "no". El Señor nos llama a regresar a "Edén", a nuestro círculo de intimidad con Él a través de Jesucristo. Es ahí donde somos transformados, más y más, a Su imagen. En ese proceso llega el momento donde nuestro corazón late en sincronización con el Suyo. Mientras nuestro corazón sea más conforme al de Él, más podrá fluir todo lo que incluye Su bendición. Sí, la bendición de Dios incluye Su provisión, pero enfocarnos desmedidamente en lo material nos roba demasiado, pues Su bendición incluye mucho más que nuestro próximo vehículo, casa o promoción. Veamos el Salmo en su totalidad:

No te impacientes a causa de los malignos, ni tengas envidia de los que hacen iniquidad. Porque como hierba serán pronto cortados, y como la hierba verde se secarán. Confía en Jehová, y haz el bien; y habitarás en la tierra, y te apacentarás de la verdad. Deléitate asimismo en Jehová, y él te concederá las peticiones de tu corazón. Encomienda a Jehová tu camino, y confía en él; y él hará. Exhibirá tu justicia como la luz, y tu derecho como el mediodía. Guarda silencio ante Jehová, y espera en él. No te alteres con motivo del que prospera en su camino, por el hombre que hace maldades. Deja la ira, y desecha el enojo; no te excites en manera alguna a hacer lo malo. Porque los malignos serán destruidos, pero los que esperan en Jehová, ellos heredarán la tierra. Pues de aquí a poco no existirá el malo; observarás su lugar, y no estará allí. Pero los mansos heredarán la tierra, y se recrearán con abundancia de paz. Maquina el impío contra el justo, y cruje contra él sus dientes; el Señor se reirá de él; porque ve que viene su día. Los impíos desenvainan espada y entesan su arco, para derribar al pobre y al menesteroso, Para matar a los de recto proceder. Su espada entrará en su mismo corazón, y su arco será quebrado. Mejor es lo poco del justo, que las riquezas de muchos pecadores. Porque los brazos de los impíos serán quebrados; mas el que sostiene a los justos es Jehová. Conoce Jehová los días de los perfectos, y la heredad de ellos será para siempre. No serán avergonzados en el mal tiempo, y en los días de hambre serán saciados. Mas los impíos perecerán, y los enemigos de Jehová como la grasa de los carneros serán consumidos; se disiparán como el humo. El impío toma prestado, y no paga; mas el justo tiene misericordia, y da. Porque los benditos de él heredarán la tierra; y los malditos de él serán destruidos. Por Jehová son ordenados los pasos del hombre, y él aprueba su camino. Cuando el hombre cayere, no quedará postrado, Porque Jehová sostiene su mano. Joven fui, y he envejecido, y no he visto justo desamparado, Ni su descendencia que mendigue pan. En todo tiempo tiene misericordia, y presta; y su descendencia es para bendición. Apártate del mal, y haz el bien, y vivirás para siempre. Porque Jehová ama la rectitud, y no desampara a sus santos. Para siempre serán guardados; mas la descendencia de los impíos será destruida. Los justos heredarán la tierra, y vivirán para siempre sobre ella. La boca del justo habla sabiduría, y su lengua habla justicia. La ley de su Dios está en su corazón; por tanto, sus pies no resbalarán. Acecha el impío al justo, y procura matarlo. Jehová no lo dejará en sus manos, ni lo condenará cuando le juzgaren. Espera en Jehová, y guarda su camino, y él te exaltará para heredar la tierra; cuando sean destruidos los pecadores, lo verás. Vi yo al impío sumamente enaltecido, y que se extendía como laurel verde. Pero él pasó, y he aquí ya no estaba; lo busqué, y no fue hallado. Considera al íntegro, y mira al justo; porque hay un final dichoso para el hombre de paz. Mas los transgresores serán todos a una destruidos; la posteridad de los impíos será extinguida. Pero la salvación de los justos es de Jehová, y él es su fortaleza en el tiempo de la angustia. Jehová los ayudará y los

> librará; los libertará de los impíos, y los salvará, por cuanto en él esperaron.[55]

¿Lo ves? Ese proceso de transformación en el lugar de deleite en Jehová es lo que desata el resto de lo que lees en ese Salmo. Eres bendecido para ser de bendición. El mismo Dios que inspiró al salmista a escribir "... *no he visto justo desamparado ni su simiente que mendigue pan*" también le inspiró a escribir "*en todo tiempo tiene misericordia y presta; y su descendencia es para bendición*". Eres bendecido para bendecir a otros, para tomar terreno para el Reino de Dios, para hacer la diferencia en tu entorno, para cumplir tu destino. Oh, cuando te exhorto a no enfocar lo material en tu confesión no te exhorto a creer menos ni a achicar tu perspectiva ni tu fe; por el contrario, te exhorto a agrandarla, a pensar más en grande. Lo que Dios tiene para ti, tu destino, Su plan para tu vida es GRANDE. Y si te enfocas en ir en pos de Su voluntad, si enfocas eso en tu confesión de fe, todo lo que sea necesario y todo lo que Él tiene para ti te alcanzará. El proveerá todo lo que necesites y más, sin que tengas que hacer de las cosas el enfoque de tu confesión de fe. Mirémoslo en la Palabra a través de Mateo:

> Ninguno puede servir a dos señores; porque o aborrecerá al uno y amará al otro, o estimará al uno y menospreciará al otro. No podéis servir a Dios y a las riquezas. Por tanto os digo: No os afanéis por vuestra vida, qué habéis de comer o qué habéis de beber; ni por vuestro cuerpo, qué habéis de vestir. ¿No es la vida más que el alimento, y el cuerpo más que el vestido? Mirad las aves del cielo, que no siembran, ni siegan, ni recogen en graneros; y vuestro Padre celestial las alimenta. ¿No valéis vosotros mucho más que ellas? ¿Y quién de vosotros podrá, por mucho que se afane, añadir a su estatura un codo? Y por el vestido, ¿por qué os afanáis? Considerad los lirios del campo, cómo crecen: no trabajan ni hilan; pero os digo, que ni aun Salomón con toda su gloria se vistió así como uno de ellos. Y si la hierba del campo que hoy es, y mañana

55. Salmo 37.

se echa en el horno, Dios la viste así, ¿no hará mucho más a vosotros, hombres de poca fe? No os afanéis, pues, diciendo: ¿Qué comeremos, o qué beberemos, o qué vestiremos? Porque los gentiles buscan todas estas cosas; pero vuestro Padre celestial sabe que tenéis necesidad de todas estas cosas. Mas buscad primeramente el reino de Dios y su justicia, y todas estas cosas os serán añadidas. Así que, no os afanéis por el día de mañana, porque el día de mañana traerá su afán. Basta a cada día su propio mal.[56]

Basados en estas palabras de Jesús vemos lo siguiente:

- **El creyente sirve a Dios, no a las riquezas.** ¿Puede el creyente tener riquezas? Sí. En la Biblia hay ejemplos de creyentes que tuvieron niveles de riquezas significativos —Abraham, David y Salomón son algunos ejemplos. En términos materiales, ¿tuvieron todos los hombres de Dios en la Biblia el mismo nivel de riquezas? No. ¿Fueron todos bendecidos por Dios para cumplir Su propósito? Sí. No podemos permitir que lo material nos quite el enfoque de nuestro caminar con Dios. El creyente es siervo de Dios, no de las riquezas.

- **El creyente busca el Reino de Dios primero.** Amar a Dios sobre todo. Caminar con Él. Valorar lo que Él valora. Darle el primado. Buscar Su justicia, Su manera de hacer las cosas. Deleitarnos en Él. Mantenernos firmes ante la oposición, la tentación y la adversidad. Ser enseñados por Su Santo Espíritu. Cuando nuestro enfoque es en Su Reino, el materialismo comienza a alejarse como cuando embarcamos y vemos el puerto achicarse en el horizonte.

- **Las cosas son añadidas por Dios cuando el creyente busca Su voluntad.** El presente pasaje es como si Jesús estuviese enseñando a profundidad el Salmo 37:

---

56. Mateo 6:24-34.

deléitate en el Señor y ÉL te concederá las peticiones de tu corazón.

Existe, además, un precedente bíblico acerca de cuando buscas lo que Dios quiere, Él te da bendiciones sin que tengas que buscarlas. Por ejemplo, cuando Salomón le pidió a Dios sabiduría para liderar a Su pueblo:

> Y dijo Dios a Salomón: Por cuanto hubo esto en tu corazón, y no pediste riquezas, bienes o gloria, ni la vida de los que te quieren mal, ni pediste muchos días, sino que has pedido para ti sabiduría y ciencia para gobernar a mi pueblo, sobre el cual te he puesto por rey, sabiduría y ciencia te son dadas; y también te daré riquezas, bienes y gloria, como nunca tuvieron los reyes que han sido antes de ti, ni tendrán los que vengan después de ti.[57]

Otro ejemplo de ello es cuando Pablo, en Filipenses 4:12-13, escribió que él sabía vivir humildemente y también tener en abundancia, que todo lo podía en Cristo. Pablo enfocó el propósito de Dios y logró viajar por todo el mundo conocido, incluso muchas veces acompañado. Eso requería bastantes finanzas. Cuando buscas el Reino de Dios y Su justicia, las cosas son añadidas por Él para ti.

Mira cómo comienza la lista de bendiciones de Dios para Su pueblo:

> Acontecerá que si oyeres atentamente la voz de Jehová tu Dios, para guardar y poner por obra todos sus mandamientos que yo te prescribo hoy, también Jehová tu Dios te exaltará sobre todas las naciones de la tierra. Y vendrán sobre ti todas estas bendiciones, y te alcanzarán, si oyeres la voz de Jehová tu Dios.[58]

---

57. 2 Crónicas 1:11-12.
58. Deuteronomio 28:1-2.

Para el creyente no hay atajos, tenemos que buscar el Reino de Dios primero. Que Dios pueda formar en ti y en mí corazones íntegros que le amen sobre todas las cosas. Mientras mayor es el componente material de tu bendición, mayor tiene que ser tu carácter y devoción. ¿Por qué? Jesús dijo que las riquezas tienen la capacidad de ahogar la semilla de la Palabra de Dios (Mateo 13:22 y Lucas 8:14). Por lo tanto, no busques lo material, sino recíbelo como añadiduras de Dios que vayan a la par con tu crecimiento espiritual y de amor hacia Él.

> Amado, yo deseo que tú seas prosperado en todas las cosas, y que tengas salud, así como próspera tu alma.[59]

Confiesa y declara la Palabra de Dios

No, los creyentes no tenemos una "lámpara de Aladino" en nuestra confesión de fe. No tenemos una herramienta mística para obtener cosas materiales a granel; tampoco tenemos una varita mágica. Lo que sí tenemos es mucho más grande, la Palabra de Dios. La fe que agrada a Dios contiene una dimensión de confesar y declarar Su Palabra. En tu caminar, declaras con tu boca las palabras que Él siembra en tu corazón en tu círculo de intimidad con Él. Miremos varias verdades bíblicas sobre las palabras de Dios:

- *La Palabra de Dios diferencia entre lo carnal y lo espiritual*

Hebreos nos dice:

> Porque la palabra de Dios es viva y eficaz, y más cortante que toda espada de dos filos; y penetra hasta partir el alma y el espíritu, las coyunturas y los tuétanos, y discierne los pensamientos y las intenciones del corazón.[60]

---

59. 3 Juan 1:2.
60. Hebreos 4:12.

Cuando confiesas la Palabra de Dios en y sobre tu vida, esta divide lo espiritual de lo carnal; logras ver más claramente lo que no es Suyo. Así lo puedes entregar a Él y ser libre.

- ### *La Palabra de Dios es lámpara para tu camino*

"*Lámpara es a mis pies tu palabra, Y lumbrera a mi camino*" (Salmos 119:105).

Cuando confiesas Su Palabra alumbras tu caminar. Las lámparas en el tiempo del salmista alumbraban basadas en aceite y fuego. Tu confesión de fe basada en La Palabra, la unción del Espíritu Santo —aceite— y Su fuego, te darán visión. En ocasiones será como un sol que te permite ver todo el camino, en otras ocasiones será como una lámpara que te permite ver solo el próximo paso. Cualquiera sea tu situación, tu confesión de fe basada en la Palabra de Dios traerá Su luz a tu camino.

- ### *El Señor guarda Su Palabra para cumplirla*

"*Y me dijo Jehová: Bien has visto; porque yo apresuro mi palabra para ponerla por obra*" (Jeremías 1:12).

Cuando nos dice que no hablemos nuestras palabras es por algo. Él no tiene que cumplir nuestras palabras; pero si confesamos *Sus palabras, Él* apresura Su palabra para cumplirla.

- ### *La Palabra de Dios hace producir tu semilla de fe*

> Porque como desciende de los cielos la lluvia y la nieve, y no vuelve allá, sino que riega la tierra, y la hace germinar y producir, y da semilla al que siembra, y pan al que come, así será mi palabra que sale de mi boca; no volverá a mí vacía, sino que hará lo que yo quiero, y será prosperada en aquello para que la envié.[61]

Jesús describió la fe como una semilla. La Palabra de Dios es descrita como lluvia que desciende de los cielos. Tu confesión de

---

61. Isaías 55:11.

la Palabra de Dios hará germinar y crecer tu medida, tu semilla de fe (Mateo 17:20; Romanos 12:3,6).

- ### *La Palabra de Dios es parte de la armadura de Dios*

> Por tanto, tomad toda la armadura de Dios, para que podáis resistir en el día malo, y habiendo acabado todo, estar firmes. Estad, pues, firmes, ceñidos vuestros lomos con la verdad, y vestidos con la coraza de justicia, y calzados los pies con el apresto del evangelio de la paz. Sobre todo, tomad el escudo de la fe, con que podáis apagar todos los dardos de fuego del maligno. Y tomad el yelmo de la salvación, y la espada del Espíritu, que es la palabra de Dios.[62]

Es muy interesante que cuando vemos la armadura de Dios, en una mano está el escudo de la fe y, en la otra, la espada del Espíritu, que es la palabra de Dios. La fe y la Palabra de Dios van literalmente mano a mano. Esa combinación nos permite resistir, avanzar — vencer. Una parte es poner en práctica la Palabra, otra parte es confesarla. Miremos a Jesús, Él no solamente vivió conforme a la Palabra, Él mismo era el verbo hecho carne, Dios con nosotros. Aun así, al enfrentar a Satanás en el desierto, Jesús *confesó la Palabra hasta que se fue el enemigo.*

- ### *La Palabra de Dios desata Su propósito para tu vida*

Observa cómo Jesús comenzó Su ministerio:

> Vino a Nazaret, donde se había criado; y en el día de reposo entró en la sinagoga, conforme a su costumbre, y se levantó a leer. Y se le dio el libro del profeta Isaías; y habiendo abierto el libro, halló el lugar donde estaba escrito: "El Espíritu del Señor está sobre mí, por cuanto me ha ungido para dar buenas nuevas a los pobres; me ha enviado a sanar a los quebrantados de corazón; a pregonar libertad a los cautivos, y vista a los ciegos; a poner en libertad a los oprimidos; a predicar el año

---

62. Efesios 6:13-17.

LA FE QUE AGRADA A DIOS

> agradable del Señor". Y enrollando el libro, lo dio al ministro, y se sentó; y los ojos de todos en la sinagoga estaban fijos en él. Y comenzó a decirles: Hoy se ha cumplido esta Escritura delante de vosotros.[63]

Jesús comenzó a confesar la Palabra "donde se había criado". Al final de Su ministerio terrenal había confesado ante los líderes religiosos, oficiales romanos, Herodes y hasta Pilato. Además, Jesús cumplió al pie de la letra lo que la Palabra de Dios decía sobre Él. Fíjate en la vida de cada hombre y mujer de Dios en la Biblia, todos comenzaron a caminar en sus destinos luego de recibir la Palabra de Dios para sus vidas. Si vas a declarar algo, que sea la Palabra de Dios que desata Su propósito para tu vida.

7 tipos de confesión fundamentales para el creyente

Ya vimos que la Palabra de Dios es el ingrediente principal de la fe que confiesa y declara, pues contiene un sinnúmero de verdades y promesas para la vida del creyente. A continuación, algunas áreas esenciales junto con varios versículos bíblicos relacionados para que comiences a declarar Su Palabra sobre cada una de ellas. Mientras continúas en tu caminar con Dios, orando y leyendo la Biblia, descubrirás muchos más pasajes bíblicos para confesar. Así tu confesión será textual o al menos alineada con Su Palabra. ¡Amén!

1. Salvación: "Jesús es mi Señor"

Cuando se casa una pareja, llega el punto en que tanto el novio como la novia tienen que decir "acepto" —confesión. De igual forma, para ser salvos tenemos que "aceptar" a Jesús como Señor y recibir su perdón —confesión. Esta es la decisión más importante —aceptar el regalo de la salvación, la redención del alma. Luego declaramos a otros que Jesús vino a salvarles a ellos también:

---

63. Lucas 4:16-21.

Mas ¿qué dice? Cerca de ti está la palabra, en tu boca y en tu corazón. Esta es la palabra de fe que predicamos: que si confesares con tu boca que Jesús es el Señor, y creyeres en tu corazón que Dios le levantó de los muertos, serás salvo. Porque con el corazón se cree para justicia, pero con la boca se confiesa para salvación.[64]

2. Libertad: "Soy libre en Cristo"

Vimos en Lucas 4 que Jesús vino a dar libertad a los cautivos, pero no lo dejó ahí. Él delegó esa autoridad a Sus discípulos antes de ascender a la diestra del Padre. Confesar y declarar palabras de libertad a los oprimidos es una parte fundamental de la misión del creyente. ¡Sé libre en el nombre de Jesús y así proclamas libertad a otros!:

Sanad enfermos, limpiad leprosos, resucitad muertos, echad fuera demonios; de gracia recibisteis, dad de gracia.[65]

Volvieron los setenta con gozo, diciendo: Señor, aun los demonios se nos sujetan en tu nombre. Y les dijo: Yo veía a Satanás caer del cielo como un rayo. He aquí os doy potestad de hollar serpientes y escorpiones, y sobre toda fuerza del enemigo, y nada os dañará. Pero no os regocijéis de que los espíritus se os sujetan, sino regocijaos de que vuestros nombres están escritos en los cielos.[66]

3. Sanidad: "Soy sano por las llagas de Jesucristo"

¡Jesús salva, liberta y sana! La Palabra dice que Jehová es tu Sanador. Jesús sanó a los enfermos por doquiera que Él iba y luego delegó esa misión a los creyentes. Hay diferentes dimensiones de esta verdad, desde las sanidades que siguen a los que creen hasta el don de sanidad. Cualquiera que sea la dimensión donde Dios te use, Su sanidad es para ti y para

---

64. Romanos 10:8-10.
65. Mateo 10:8.
66. Lucas 10:17-20.

que la confieses en tu entorno. En el nombre de Jesús, sé sano y declara palabra de sanidad a otros que Él ponga en tu camino:

> Mas él herido fue por nuestras rebeliones, molido por nuestros pecados; el castigo de nuestra paz fue sobre él, y por su llaga fuimos nosotros curados.[67]

> Y estas señales seguirán a los que creen: En mi nombre echarán fuera demonios; hablarán nuevas lenguas; tomarán en las manos serpientes, y si bebieren cosa mortífera, no les hará daño; sobre los enfermos pondrán sus manos, y sanarán.[68]

> ... y dijo: Si oyeres atentamente la voz de Jehová tu Dios, e hicieres lo recto delante de sus ojos, y dieres oído a sus mandamientos, y guardares todos sus estatutos, ninguna enfermedad de las que envié a los egipcios te enviaré a ti; porque yo soy Jehová tu sanador.[69]

A continuación, un ejemplo de que la confesión de fe precede al desenlace. El año pasado Mary desarrolló una condición donde escuchaba un ruido constantemente en uno de sus oídos; tal condición empeoró en lugar de irse, al punto de que ya no estaba oyendo bien. Ella visitó a un especialista y le hicieron varios exámenes. Los resultados indicaban que había perdido significativamente la audición en ese oído y que lo único que se podía hacer era tratar de que no progresara más esa pérdida, con el uso de medicamentos. Mary cuenta que eso fue como un golpe al estómago; sin embargo, ella comenzó a activar su fe mediante su confesión. Vio al médico y le preguntó:

---

67. Isaías 53:5.
68. Marcos 16:17-18.
69. Éxodo 15:26.

"¿Doctor, usted cree que Dios hace milagros?". El médico la miró un poco sorprendido y le dijo: *"Bueno, yo he escuchado que algunas personas…"*. Mary prosiguió, diciéndole: *"Ya usted verá. Yo creo en un Dios que hace milagros. Yo voy a orar y en 6 meses, cuando vuelva aquí a la cita de seguimiento, usted lo verá"*.

Al regresar, luego de unos meses, estaba peor, pero ella seguía confesando su sanidad por las llagas de Cristo.

No sabemos exactamente cuándo ocurrió, lo que sí sabemos es que cuando fue nuevamente a la cita de seguimiento, ¡el oído afectado salió mejor que el que estaba sano! El doctor le preguntó que si se había tomado el medicamento que él le había indicado; ella le explicó que no, que Dios le había sanado: *"Se lo dije doctor. ¡Dios sana!"*.

Ese día me llamó llorando de alegría, también lo testificó en la iglesia y fue de bendición a nuestros hermanos en la fe. Aunque el milagro no fue inmediato, fue real. No fue espectacular pero si fue evidente. La verdad de la Palabra desplazó la realidad física como la brisa mueve una hoja en la primavera. Soy testigo de la perseverancia que tuvo en su confesión de fe por meses. Lo importante es que fue sanada. ¡Gloria a Dios! ¿Y tú, qué estás creyendo? Añádele confesión a tu oración. Confiesa la Palabra de Dios y activa tu fe. Nuestro Dios es todopoderoso.

4. **Santificación:** "Soy transformado por el Espíritu de Dios"

La *salvación* es un suceso, la *santificación* es un proceso. En la salvación somos redimidos, perdonados y limpiados por el sacrificio y la sangre de Jesucristo. En la santificación somos moldeados, cambiados y transformados a la imagen de Jesucristo por la obra del Espíritu Santo. Otra manera de explicar lo que es santificación es *madurar* o *crecer en el Señor.* La salvación tiene día y hora. La santificación comienza allí y continúa hasta el día en que morimos o cuando el Señor Jesús regrese por Su pueblo. Es gracias al proceso de santificación que la luz de Cristo brillará más y más fuerte en y a través de ti. Cuando el enemigo o tu carne te quieran hacer retroceder en tu caminar con Dios, confiesa y declara estas verdades de la Palabra:

> Por tanto, nosotros todos, mirando cara a cara descubierta como en un espejo la gloria del Señor, somos transformados de gloria en gloria en la misma imagen, como por el Espíritu del Señor.[70]

> Con Cristo estoy juntamente crucificado, y ya no vivo yo, mas vive Cristo en mí; y lo que ahora vivo en la carne, lo vivo en la fe del Hijo de Dios, el cual me amó y se entregó a sí mismo por mí.[71]

> … estando persuadido de esto, que aquel que comenzó en vosotros la buena obra, la perfeccionará hasta el día de Jesucristo…[72]

5. Protección: "Jehová es mi escudo"

El creyente tiene acceso a la protección de Dios. Una protección sobrenatural, pues nuestro Dios es un Dios sobrenatural. Paralela a esta verdad está la responsabilidad de no tentar a Dios. Cuando Satanás tentó a Jesús en el desierto, le citó un pasaje bíblico sobre la protección y le pidió que se arrojara desde una altura, pues Dios lo protegería por medio de Sus ángeles. Jesús respondió: "Escrito está también: No tentarás al Señor tu Dios" (Mateo 4:7).

La protección de Dios es una promesa que te acompaña cuando obedeces Su voz y caminas con Él.

---

70. 2 Corintios 3:18.
71. Gálatas 2:20.
72. Filipenses 1:6.

> Con sus plumas te cubrirá, Y debajo de sus alas estarás seguro; Escudo y adarga es su verdad.[73]

> Caerán a tu lado mil, y diez mil a tu diestra; mas a ti no llegará.[74]

> No te sobrevendrá mal, ni plaga tocará tu morada.[75]

¿Ves que las tres últimas citas corresponden al salmo 91? Y este salmo tiene mucho más. Te recomiendo que lo leas completo.

> El ángel de Jehová acampa alrededor de los que le temen, y los defiende.[76]

> He aquí os doy potestad de hollar serpientes y escorpiones, y sobre toda fuerza del enemigo, y nada os dañará.[77]

6. Bendición: "La bendición de Dios me alcanza"

La bendición de Jehová es una promesa para el creyente, que incluye y va más allá de la provisión material. Cuando el creyente desarrolla una relación de intimidad con Dios, entonces Él puede desatar toda la escala de lo que significa *la bendición de Jehová*, lo importante es desarrollar *visión espiritual*. La bendición de Dios *incluye* lo material, pero implica mucho más. La bendición de Jehová toca todas las áreas de tu vida: tu misión, tu victoria, tu impacto, tu descendencia y tu legado. Mas la clave de la bendición es la obediencia, amando a Dios sobre todo y a nuestro prójimo como a nosotros mismos. De esa forma podemos cumplir el propósito de Dios para cada una de nuestras vidas: *Ser*

---

73. Salmo 91:4.
74. Salmo 91:7.
75. Salmo 91:11.
76. Salmo 34:7.
77. Lucas 10:19.

bendecidos y ser de bendición a otros. Pero recuerda que la duda y la incredulidad pueden robarte parte de esa bendición. No recibirás lo que no crees.

> La bendición de Jehová es la que enriquece, Y no añade tristeza con ella.[78]

> Y cualquiera que haya dejado casas, o hermanos, o hermanas, o padre, o madre, o hijos, o tierras, por mi nombre, recibirá cien veces más, y heredará la vida eterna.[79]

> Mi Dios, pues, suplirá todo lo que os falta conforme a sus riquezas en gloria en Cristo Jesús.[80]

> Y este será mi pacto con ellos, dijo Jehová: El Espíritu mío que está sobre ti, y mis palabras que puse en tu boca, no faltarán de tu boca, ni de la boca de tus hijos, ni de la boca de los hijos de tus hijos, dijo Jehová, desde ahora y para siempre.[81]

Ahora, te recomiendo que leas Deuteronomio 28 en su totalidad. Conocerás las bendiciones de quienes obedecen al Señor —te hará sobreabundar en bienes, en el fruto de tu vientre, enviará Su bendición sobre todo aquello en que pusieres tu mano, prestarás y no pedirás prestado; y mucho más como resultado de la obediencia al Señor. Así, también conocerás al detalle toda la maldición que persigue al desobediente.

7. Fortaleza: "Jehová es la fortaleza de mi vida"

Por último, en el caminar de fe del creyente hay momentos en que sentimos que nos faltan las fuerzas, momentos en que

---

78. Proverbios 10:22.
79. Mateo 19:29.
80. Filipenses 4:19.
81. Isaías 59:21.

sentimos que no podemos más. Es en esos momentos, cuando nuestros sentimientos quieren hacernos rendir, que más necesitamos confesar lo que dice la Palabra de Dios sobre nuestra fortaleza. Es como recargar las baterías. Conéctate a la Fuente por medio de tu confesión de fe:

> ... diga el débil: Fuerte soy.[82]

> Pero Tú aumentarás mis fuerzas como las del búfalo; seré ungido con aceite fresco.[83]

> Porque ¿quién es Dios, sino sólo Jehová? ¿Y qué roca hay fuera de nuestro Dios? Dios es el que me ciñe de fuerza, y quien despeja mi camino; quien hace mis pies como de ciervas, y me hace estar firme sobre mis alturas; quien adiestra mis manos para la batalla, de manera que se doble el arco de bronce con mis brazos.[84]

> Jehová es mi luz y mi salvación; ¿de quién temeré? Jehová es la fortaleza de mi vida; ¿de quién he de atemorizarme?[85]

Cuando confiesas y declaras la Palabra sobre tu vida, tu situación y tu familia, enfocas tu atención y tu fe al propósito de Dios. Utilizada de acuerdo con la Biblia, la confesión de fe es esencial para caminar en el plan de Dios para ti y los tuyos. Solamente recuerda que nada es más importante que tu relación con el Padre, el Hijo y el Espíritu Santo —nuestro trino Dios. Es mi deseo que al leer este capítulo tu visión de la confesión de fe haya encontrado raíces bíblicas para que cause una explosión de fe en tus palabras. ¡Que tus palabras, alineadas a la Palabra de Dios, activen y sean activadas por tu fe, impulsándote hacia adelante hacia Su destino para ti!

---

82. Joel 3:10.
83. Salmo 92:10.
84. 2 Samuel 22:32-35.
85. Salmo 27:1.

Preguntas de reflexión

1. Escribe 3 confesiones de fe que desees hacer por los próximos 30 días.

2. Identifica pasajes bíblicos que respaldan esas confesiones.

3. Integra esos versículos con sus confesiones correspondientes y decláralas por 30 días.

4. Reflexiona en el antes y después de esos 30 días. ¿Qué ha cambiado en tu interior?

III

Conclusión

Porque en el evangelio la justicia de Dios se revela por la fe y para fe, como está escrito: Mas el justo por la fe vivirá.

Romanos 1:17

En septiembre del 2021 asistí a una conferencia poderosa de hombres en la iglesia The River, en Tampa, Florida. El tema de la conferencia era "Señor, dame esta montaña". El último día, el pastor principal, Rodney Howard-Browne, exhortó a los cientos de hombres de diferentes partes del país que estábamos allí: *"Cuando salgas de aquí y regreses a tu casa, pídele al Señor en oración que te revele una cosa, solo una cosa que hacer. Cuando te la deje saber, haz exactamente lo que te pidió, nada más, nada menos"*. Yo tomé su reto en serio. De regreso, en mi casa, en mi tiempo de oración —relación— pedí al Señor que me revelara *una cosa* que Él tuviese para que yo hiciera —la fe que pide y clama.

Pasó un tiempo en el que continué trayendo esa petición al Señor —la fe que persiste y persevera. De repente, una mañana sentí que el Señor contestó hablando a mi corazón. Fue como si hubiesen depositado en mi interior la certeza de que tenía que escribir un libro, que sería en idioma español y que se titularía *La fe que agrada a Dios* —acción. Yo siempre pensé que escribiría al menos un libro, pero en mi mente iba a ser en idioma inglés y sobre liderazgo o temas similares. Sin embargo, cuando recibí la instrucción comencé a bosquejar y a escribir —la fe que escucha y obedece.

No sabía cuánto tiempo tomaría terminarlo, pero sí sabía que sin Su presencia no podría hacer nada. A principio del 2022 comencé el nuevo año como nunca lo había hecho, ayunando —la fe que se acerca. Para esto me conecté virtualmente al ayuno con la iglesia Revival Today, en Pensilvania. Durante este proceso he aprendido muchísimo; tuve que mantener el enfoque, aun cuando venían pensamientos de duda o derrota —la fe que se esfuerza y resiste.

Le doy gracias a Dios por permitirme plasmar lo que Él ha puesto en mi corazón en las páginas de este libro, toda gloria y honra son de Él —la fe que agradece y alaba. Este proceso me ha hecho crecer en mi caminar de fe —transformación. ¡En el nombre de Jesús, confieso que esta semilla de la palabra de Dios cae en tierra fértil en tu vida y da fruto al ciento por uno, para la gloria de Dios! —la fe que confiesa y declara. Es mi oración que puedas caminar en la fe que agrada a Dios, cumpliendo tu misión, Su propósito por el cual fuiste creado.

CAPÍTULO 10

¿Y ahora qué?

Cuando comencé a escribir este libro no sabía lo mucho que este proceso me iba a enseñar. En varias ocasiones Dios me permitió ver algo en la Palabra de una forma que no había visto antes. Hubo un tiempo en que enfocaba la fe como una herramienta para lograr que Dios contestara mi oración o concediera mis peticiones; hoy entiendo que la fe es mucho más, es multidimensional. La fe es central para el creyente y su relación con Dios; esta le permite al creyente hacer lo que Dios pide de él o ella. La fe que agrada a Dios desata el propósito de Dios en la vida de cada creyente que crea que Él es real y que recompensa a los que le buscan de veras.

Los ejemplos me ayudaron a decir *ebenezer, hasta aquí me ha ayudado Jehová* (1 Samuel 7:12) y le estoy eternamente agradecido. Mi oración por ti es la misma que hago por mí y los míos: que actives tu fe de manera que comiences a intensificar tu relación de amor con Dios. Que en tu círculo de intimidad te encuentres con Su unción y con Su fuego. Que le pidas y clames a Él en confianza, sabiendo que Su respuesta podría no cumplir con tus expectativas. Que cuando te responda y te pida algo le obedezcas. Que veas la mano del Señor obrando grandemente a tu favor mientras haces Su voluntad. Que actives tu fe en cada una de sus dimensiones. Clama, pide, escucha, obedece, da, recibe, alaba, agradece, acércate, esfuérzate, resiste, confiesa y declara. Y, sobre todo, que a través de ese proceso seas transformado, más y más, a Su imagen, hasta el día que te llame a Su presencia.

Solo queda una pregunta por hacer: ¿Y ahora qué? Permíteme exhortarte hoy como fui exhortado en aquella iglesia en Tampa, Fl. Pídele al Señor en oración que te muestre **una cosa, tan solo una cosa** que Él tenga para que tú hagas. Luego toma esa instrucción y actúa, corre con ella; sumérgete en Su Palabra y Presencia. Que la fe que agrada al Señor crezca en ti diariamente para que Él pueda mostrarse poderoso a tu favor. Que cumplas Su propósito para tu vida mientras Él obra en tu interior. Que perseveres hasta el fin para estar por la eternidad con tu Amado Salvador, Jesucristo. Y que mientras estas aquí, los que vean tu vida sepan que Dios todavía hace milagros, ¡todavía salva, sana, liberta y transforma! Camina con Dios —habla con Dios—, obedece a Dios. Cumple el propósito por el cual fuiste creado —un paso de fe a la vez. Vive la fe que agrada a Dios y recibirás tu galardón, tanto aquí como en la eternidad. Amén, así sea. Recuerda que eres más que un vencedor por medio de Aquel que te amó (Romanos 8:37).

Preguntas de reflexión

1. ¿Qué cosa te está pidiendo el Señor que hagas? (Ora y espera el tiempo que sea necesario para que lo escuches del Señor, antes de contestar esta pregunta).

2. ¿Cuáles de las 7 dimensiones de la fe necesitas fortalecer para cumplir esa instrucción de Dios?

3. ¿Qué nuevos hábitos tendrás que desarrollar para que tu fe opere al nivel requerido por tu misión?

4. ¿Qué cosas que te impiden crecer tendrás que dejar atrás para ir en pos de Él y cumplir Su plan para tu vida?

5. ¿Qué hermanos en Cristo te estimulan a seguir hacia adelante y crecer en tu fe? ¿Qué necesitarás en términos

de apoyo mientras vas dando pasos de fe en obediencia a Dios?

6. ¿En qué áreas necesitarás incrementar tu nivel de preparación mientras caminas?

7. ¿Cuál será tu versículo bíblico clave para confesar y declarar mientras te mueves en fe, cumpliendo tu misión?

ELMER J. CASTRO, MPS, ACC

Desde temprana edad Elmer sintió el llamado de Dios a predicar, lo cual hizo por primera vez a los 8 años. Más tarde, sirviendo como líder estudiantil en la Asociación Bíblica Universitaria, descubrió su pasión por la enseñanza y discipulado de otros creyentes. Además de compartir y enseñar la Palabra, Elmer ha servido como guitarrista en grupos de alabanza y adoración por más de veinte años y actualmente lidera el de su iglesia, La Cosecha. En lo profesional, posee una maestría en Desarrollo Organizacional, y lidera el departamento de adiestramiento en una agencia gubernamental. Además, es un coach profesional de liderazgo acreditado por la Federación Internacional de Coaching. Actualmente reside en el estado de Carolina del Sur junto a su esposa e hijos.

www.ElmerJCastro.com

CPSIA information can be obtained
at www.ICGtesting.com
Printed in the USA
BVHW081152021222
653296BV00007B/437